U0830803

工程车辆液压传动与控制新技术

韩慧仙 著

北京理工大学出版社
BEIJING INSTITUTE OF TECHNOLOGY PRESS

图书在版编目（CIP）数据

工程车辆液压传动与控制新技术／韩慧仙著．—北京：北京理工大学出版社，2017.7

ISBN 978－7－5682－4564－7

Ⅰ.①工…　Ⅱ.①韩…　Ⅲ.①工程车－液压传动系统　Ⅳ.①U469.6

中国版本图书馆 CIP 数据核字（2017）第 185955 号

出版发行／北京理工大学出版社有限责任公司
社　　址／北京市海淀区中关村南大街 5 号
邮　　编／100081
电　　话／(010) 68914775（总编室）
　　　　　(010) 82562903（教材售后服务热线）
　　　　　(010) 68948351（其他图书服务热线）
网　　址／http：//www.bitpress.com.cn
经　　销／全国各地新华书店
印　　刷／北京慧美印刷有限公司
开　　本／710 毫米×1000 毫米　1/16
印　　张／12
字　　数／155 千字
版　　次／2017 年 7 月第 1 版　2017 年 7 月第 1 次印刷
定　　价／66.00 元

责任编辑／封　雪
文案编辑／封　雪
责任校对／周瑞红
责任印制／李志强

图书出现印装质量问题，请拨打售后服务热线，本社负责调换

前言

近年来，我国的工程车辆行业飞速发展，各种先进技术层出不穷，针对工程车辆液压传动与控制相关技术的研究和技术开发也取得了丰硕的成果。

工程车辆液压传动与控制相关的新技术主要包括如下几方面：

➢ 工程车辆行走动力总成技术，主要用于优化整机行走系统的匹配；

➢ 工程车辆电液控制技术，主要用于提高工程车辆的可控性；

➢ 工程车辆行驶自动挡技术，主要用于行驶系统的自动控制；

➢ 工程车辆行走制动能量回收技术，主要用于车辆的节能控制。

本书的主要内容涵盖了装载机、摊铺机等工程车辆主要门类和机型的液压传动系统及其动力传动和控制系统的最新技术状态和发展方向，主要阐述了以下几方面的内容：

➢ 工程车辆液压行驶自动挡总体方案、系统设计及系统仿真的研究；

➢ 针对工程车辆行驶作业质量要求和工作特点等的电气－液压系统融合控制解决方案等研究；

➢ 包括发动机、机械传动系统、液压传动系统、多执行机构复合作业在内的工程车辆行驶动力总成系统等研究；

➢ 工程车辆的行走制动能量回收和辅助驱动技术研究，包括装载机制动能量回收和辅助驱动、压路机振动能量回收和辅助驱动机构的机械动力学特性研究、电控检测和传感技术研究、分布式实时控制系统等研究、数字液压控制系统的研究等。

本书是作者近十年来教学和科研工作成果的总结汇编，体现了当代工程车辆行业液压传递和控制系统的最新技术动态和科研成果，可作为国内工程机械和工程车辆企业研发人员的参考书，也可作为高等院校工程车辆相关专业的教学用书。

本书的内容大都是阐述工程车辆的最新技术，其中很多技术还在不断探索和快速迭代中，加之作者研究时间和技术水平所限，疏漏甚至错误在所难免，在此恳请读者给予批评指正，不胜感激。

作　者

2017年6月

目录

第一章 绪 论

1.1　工程车辆概述

1.1.1　概述

行走驱动系统是工程车辆的重要组成部分。与工作系统相比，行走驱动系统不仅需要传输更大的功率，要求器件具有更高的效率和更长的寿命，还希望在变速调速、差速、改变输出轴旋转方向及反向传输动力等方面具有良好的能力。于是，采用何种传动方式，如何更好地满足各种工程车辆行走驱动的需要，一直是工程车辆行业所要面对的课题。尤其是近年来，随着我国交通、能源等基础设施建设进程的快速发展，建筑施工和资源开发规模不断扩大，工程车辆在市场需求大大增强的同时，更面临着作业环境更为苛刻、工况条件更为复杂等所带来的挑战，这也进一步推动着对其行走驱动系统的深入研究。

这里从技术构成及性能特征等角度对工程车辆行走驱动系统中的液压传动技术的发展及规律进行探讨。

1.1.2　基于单一技术的传动方式

工程车辆行走系统最初主要采用机械传动和液力机械传动（全液压挖掘机除外）方式。现在，液压传动和电力传动的传动方式也出现在工程车辆行走驱动装置中，充分表明了科学技术发展对这一领域的巨大推动作用。

1．机械传动

纯机械传动的发动机平均负荷系数低，因此一般只能进行有级变速，并且布局方式受到限制。但由于其具有在稳态传动效率高和制造成本低的优势，在调速范围比较小的通用客货汽车和对经济性要求苛刻、作业速度恒定的农用拖拉机领域迄今仍然占据霸主地位。

2. *液力机械传动*

液力机械传动用变矩器取代了机械传动中的离合器，具有分段无级调速能力。它的突出优点是具有接近于双曲线的输出扭矩－转速特性，配合后置的动力换挡式机械变速器能够自动匹配负荷并防止动力传动装置过载。变矩器的功率密度很大而负荷应力却较低，大批生产成本也不高等特点使它得以广泛应用于大中型铲土运土机械、起重运输机械领域和汽车、坦克等高速车辆中。但其特性匹配及布局方式受限制，变矩范围较小，动力制动能力差，不适合用于要求速度稳定的场合。

3. *液压传动*

与机械传动相比，液压传动更容易实现其运动参数（流量）和动力参数（压力）的控制，而液压传动较之液力传动具有良好的低速负荷特性。由于具有传递效率高，可进行恒功率输出控制，功率利用充分，系统结构简单，输出转速无级调速，可正、反向运转，速度刚性大，动作实现容易等突出优点，液压传动在工程车辆中得到了广泛的应用。几乎所有工程车辆装备都能见到液压技术的踪迹，其中不少已成为主要的传动和控制方式。极限负荷调节闭式回路、发动机转速控制的恒压及恒功率组合调节的变量系统开发，为液压传动应用于工程车辆行走系统提供了广阔的发展前景。

与纯机械传动和液力机械传动相比，液压传动的主要优点是其调节的便捷性和布局的灵活性，可根据工程车辆的形态和工况的需要，把发动机、驱动轮、工作机构等各部件分别布置在合理的部位，发动机在任一调度转速下工作，传动系统都能发挥出较大的牵引力，而且传动系统在很宽的输出转速范围内仍能保持较高的效率，并能方便地获得各种优化的动力传动特性，以适应各种作业的负荷状态。

在车速较高的行走机械中所采用的带闭式油路的行走液压驱动装

置能无级调速，使车辆柔和起步、迅速变速和无冲击地变换行驶方向。对在作业中需要频繁起动和变速、经常穿梭行驶的车辆来说这一性能十分宝贵。但与开式回路相比，闭式回路的设计、安装调试以及维护都有较高的难度和技术要求。

借助电子技术与液压技术的结合，可以很方便地实现对液压系统的各种调节和控制。而计算机控制的引入和各类传感元件的应用，更大地扩展了液压元件的工作范围。通过传感器监测工程车辆各种状态参数，经过计算机运算输出控制目标指令，使车辆在整个工作范围内实现自动化控制，机器的燃料经济性、动力性、作业生产率均达到最佳值。因此，采用液压传动可使工程车辆易于实现智能化、节能化和环保化，而这已成为当前和未来工程车辆的发展趋势。

4. 电力传动

电力传动是由内燃机驱动发电机，产生电能使电动机驱动车辆行走部分运动，通过电子调节系统调节电动机轴的转速和转向，具有调速范围广，输入元件（发电机）、输出元件（电动机）及控制装置可分置安装等优点。电力传动最早用于柴油机电动船舶和内燃机车领域，后又推广到大吨位矿用载重汽车和某些大型工程车辆上，近年来又出现了柴油机电力传动的叉车和牵引车等中小型起重运输车辆。但基于技术和经济性等方面的一些原因，适用于行走机械的功率电元件还远没有像固定设备用的那样普及，电力传动对于大多数行走机械还仅是“未来的技术”。

1.1.3 发展中的复合传动技术

从前面的分析可以看出，应用于工程车辆行走驱动系统中的基于单一技术的传动方式构成简单、传动可靠，适用于某些特定的场合和领域。而在大多数的实际应用中，这些传动技术往往不是孤立存在的，彼此之间都存在相互的渗透和结合，如液力、液压和电力的传动装置中都或多或少地包含有机械传动环节，而新型的机械和液力机械传动装置中也设置了电气和液压控制系统。换句话说，采用有针对性的复合集成的方式，可以充分发挥各种传动方式的优势，扬长避短，从而获得最佳的综合效益。值得注意的是，兼有调节与布局灵活性及高功率密度的液压传动装置在其中充当着重要角色。

1. 液压与机械和液力机械传动的复合

1）串联方式

串联方式是最为简单和常见的复合方式，是在液压马达或液压变速器的输出端和驱动桥之间设置机械式变速器以扩大调速的高效区，实现分段的无级变速。目前已广泛用于装载机、联合收获机和某些特种车辆上。对其的发展是将可在行进间变换传动比的动力换挡行星变速器直接安装在驱动轮内，实现了大变速比的轮边液压驱动，因而取消了驱动桥，更便于布局。

2）并联方式

并联方式即为通常所称的“液压机械功率分流传动”，可理解为一种将液压与机械装置“并联”分别传输功率流的传动系统，也就是利用多自由度的行星差速器把发动机输出的功率分成液压的和机械的两股“功率流”，借助液压功率流的可控性，使这两股功率流在重新汇合时可无级调节总的输出转速。这种方式将液压传动的无级调速性能好和机械传动的稳态效率高这两方面的优点结合起来，得到一个既有无级变速性能，又有较高效率和较宽高效区的变速装置。

按其结构，这种复合式传动装置可分为两类：第一类为利用行星齿轮差速器分流的外分流式，其中常见的分流传动机构又可分为输入分流式和输出分流式两种基本形式；第二类为利用液压泵或马达转子与外壳间的差速运动分流的内分流式。

日本小松公司开发的这种复合方式的液压传动变速器，已经应用在装载机、推土机等工程车辆上。德国 Fendt 拖拉机生产的采用 Vario 型无级变速器装备的农用拖拉机，到 2003 年总销量超过了 30 000 台。

由此可以看出，这种新型的传动装置已日益成为大中功率液力机械传动和动力换挡变速器的有力竞争者。

3）分时方式

对于作业速度和非作业状态下转移空驶速度相差悬殊的专用车辆，采用传统机械变速器用于高速行驶、附加液压传动装置用于低速作业的方式能很好地满足这两种工况的矛盾要求。机械－液压分时驱动的方式在此类车辆上的应用已很普遍，这一技术也已被应用于飞机除冰车和田间移栽机等需要“爬行速度”的车辆和机具上。

4）分位方式

把液压马达直接安装在车轮内的“轮边液压驱动装置”是一种辅助液压驱动装置，可以解决工程车辆需要提高牵引性能，但又无法采用全轮驱动方式，难以布置传统的机械传动装置的问题。液压传动的无级调速性能使以不同方式传动的驱动轮之间能协调同步，这在某种意义上也可视为一种功率分流传动：动力机的功率被分配到几组驱动轮上，经地面耦合后产生推动车辆运动的牵引力。目前，许多工程车辆制造厂商将这一技术用于具有部分自走驱动能力的，诸如自走式平地机和铲运机这样的工程车辆上。

2. 液压与电力传动的复合

由于现代技术的发展，电子技术在信号处理能力和速度方面占有很大的优势，而液压与电力传动在各自功率元件的特性方面各有所长，因此，除了现在已普遍存在的“电子神经＋液压肌肉”这种模式外，两者在功率流的复合传输方面也有许多成功的实例，如：由变频或直流调速电机和高效、低脉动的定量液压泵构成的可变流量液压油源，用集成安装的电动泵－液压缸或低速大扭矩液压马达构成的电动液压执行单元，以及混合动力工业车辆的驱动系统等。

3. 二次调节静液传动系统

二次调节静液传动技术是通过对液压元件所进行的调节来实现液压能与机械能的互相转换的。一般来说，它的实现是以压力耦联系统为基础的，在一次元件（泵）及二次元件（马达）间采用定压力耦合方式，依靠实时调节马达排量来平衡负荷扭矩。目前，对二次调节静液传动技术进行研究的出发点是对传动过程进行能量的回收和能量的重新利用，从宏观的角度对静液传动总体结构进行合理的配置以及改善其静液传动系统的控制特性。

为了使不具备双向无级变量能力的液压马达和往复运动的液压缸也能在二次调节系统的恒压网络中运行，出现了利用二次调节技术的“液压变压器”，它类似于电力变压器用来匹配用户对系统压力和流量的不同需求，从而实现液压系统的功率匹配。

二次调节静液传动系统与传统静液传动系统相比，其优点是更便于控制，能在四个象限中工作，可在不转变能量形式情况下回收能量，进行能量的存储，利用液压蓄能器加速可大大提高加速功率，且系统中无压力峰值，由于一次元件和二次元件分开安装，可通过一个泵站给多个液压动力元件提供油源，减少了冷却费用，设备的制造成本降低，系统效率高。

二次调节静液传动与电力传动相比，具有闭环控制动态响应快、功率密度高、重量轻、安装空间小等优点。

由于二次调节静液传动系统具有许多优点，因此它在很多领域得到广泛的应用。国外已将其成功应用于造船工业、钢铁工业、大型试验台、车辆传动等领域。奔驰汽车公司已将二次调节技术应用于无人驾驶运输系统中的行驶驱动。

1.2　工程车辆作业工况概述

工程车辆的种类十分繁多，大多在野外或工地进行施工作业，其作业特点和对机械性能的要求具有独特的特点：

(1) 发动机只有在静态负荷下才能获得其最高的动力性和经济性，在动态波动负荷下，采用任何控制供油量或者其他措施的方法只能相对改善其动态性能，而不能从根本上消除动态负荷的影响，并且对发动机采取动态过程控制的方法很复杂，实现困难。

（2）剧烈波动且周期短暂的循环负荷，使司机无法在作业过程中人力换挡，采用有级自动换挡也会因频繁切换而中断动力且产生摩擦功率消耗，同时降低换挡机构工作寿命与可靠性，且不能形成负载无级调节那样的理想效果，发动机上同样会有一定的动载作用。

（3）液力机械传动在一定范围内解决了负荷的连续调节问题，然而其传动效率随着调节范围增大而迅速降低，必须辅以机械变速配合才能有效工作，同样存在换挡切换带来的问题。

（4）液压传动是一种比较理想的无级调节装置，其较大的调速比范围可以适应机器在作业工况的负荷波动而无须机械变速的切换操作（机械挡位切换一般在两种不同工况转换时进行或运输工况中使用），目前通用型液压元件的性能、可靠性、成本已完全满足工程车辆的要求，液压无级调节装置与电子技术、计算机控制技术良好的适配性使之易于构成一个工程车辆理想的传动装置，因而采用液压无级调节传动系统有望使发动机实现静态工况，机器实现自动化、智能化。

（5）工程车辆综合性能指标为动力性、经济性、作业生产率，从整机的要求上看主要是经济性和作业生产率，从发动机与传动系统看主要是动力性和经济性。实现作业生产率指标的必要条件是动力性，而充分条件则是行走机构与滑转曲线的合理匹配。由于液压传动装置良好的控制调节特性，加之液压传动车辆一般附有的工作装置负荷调节系统的调控，车辆的负荷工况发生改变，因而液压传动车辆行走机构滑转参数的匹配必然存在与传统车辆不同的情况，需要重新审视讨论这一问题。

（6）牵引式工程车辆的牵引负荷是一种非平稳的随机过程，这一过程可以分解为缓慢变化（一般指 0.2 ~ 0.3 Hz 以下频率，可取为 0.5 Hz 以下频率，相对于快速随机振动分量而言为缓慢，但对换挡切换而言仍是快速变化）的趋势项（静载）和均值为零的随机项（动载），随机项为低通窄带型的能量分布过程，可由一组频率与振幅不同的谐振分量叠加而等价。液压传动车辆中，无级调节控制的负荷对象为趋势项负荷，这是一种频率在 0.5 Hz 以下，特别在 0 Hz 附近，幅值波动变化很大的负荷；对随机项动态振动分量，通过不同固有频率和容积参数的蓄能器来吸收，来平均化处理，并重新利用。

(7) 液压传动车辆所附带的工作装置负荷调控系统可以通过控制切土（装载）量来调节负荷，但一般的作用主要为进行极限负荷控制，这样简单易行且可满足要求。

(8) 自控式的液压传动车辆对负荷的自动调节与限制完全是主动进行的，它以机器自身为中心，根据车辆最优的目标进行状态控制与性能输出。由于机器自身的结构与参量是确定的，因而最优目标是确定的——主观的，这种最优控制一般不会因外部工作条件——客观的——变化而变化。当主客观差异过大无法调节适应时，可通过现场对控制参数的标定、调整来适应。与此相反，传统车辆对负荷的适应是被动的，如行走机构的滑转主要是一种极限保护措施。因而，传统车辆对负荷特性、地面条件等外部工作条件的研究特别重要，只有如此才能使机器主体与客观条件相适应，机器才能适应工作条件而有效工作。

车辆液压动力学研究对象为工程车辆液压驱动系统与整机性能，通过对不同结构不同控制方式的系统在不同负荷模式作用下性能的研究，寻求车辆最优设计与控制方法，使车辆牵引性能、作业性能与自动化程度得到提高，同时具有合理成本、寿命与舒适性，满足日益提高的环保要求等。

1.3 工程车辆液压控制系统概述

车辆液压行走系统由发动机、液压泵、液压马达、行走机构组成，对这样四个部分的变量进行参数匹配与控制方式选择，使车辆达到最佳综合性能发挥并实现自动化，构成工程车辆液压驱动理论与技术即车辆液压动力学的主要内容。

1.3.1 牵引式车辆

循环式作业的牵引式机械，牵引负荷波动大，变化剧烈，无作业质量要求，不需要行走速度的稳定性，行走系统的变量参数构成为发动机（变转速域工作）、变量液压泵－无级变量马达、大滑转率行走机构。发动机在变转速域工作以扩大机器的作业范围并提高其经济性；变量液压泵按照机器控制目标的要求随发动机转速（工况）和负荷工况（液压系统压力）参数的变化进行排量自动控制，达到与发动机功率始终良好匹配之目的；无级变量液压马达根据负荷工况的变化进行排量自动控制，以保证液压系统在剧烈变化的负荷条件下有变化幅度较小的工作压力，从而保证发动机－液压系统整体上具有较稳定的工况而发挥良好的动力性与经济性，同时有合理寿命；行走机构按牵引车辆要求的额定滑转率进行参数匹配与工作，既可对超越额定负荷的超载通过滑转进行过滤限制，又保证整机具有合理的附着重量，当循环式机械在非牵引工况下高速行驶时有较小的滚动阻力和良好机动性，从而保证机械在整个工作循环周期中有最高的生产率。

总体上讲，牵引车辆液压驱动系统的关键技术为液压系统的速度自适应控制，这是一种类似于液力变矩器的工作方式。

不计效率和量纲，牵引车辆液压系统功率平衡方程式为

$$M_e n_e = pD_b n_b = pD_m n_m = M_K n_m \quad (1-1)$$

式中：M_e，n_e——发动机扭矩、转速；

D_b，n_b——泵排量、转速；

D_m，n_m——马达排量、转速；

M_K——马达驱动转矩；

p——系统压力。

对全程式调速发动机，当油门不变时，n_e 基本不变，$M_e(n_e)$ 有一固定的最佳目标值，该目标值可以同时满足发动机动力性和经济性的优化要求。外部阻力矩 M_c（M_K 的反作用转矩）是剧烈变化的，因此，液压系统的控制方式即为保证式（1－1）始终平衡的方式：通过

泵、马达排量 D_b、D_m 的自动调节，发动机在任一油门位置即转速 n_e 下的定值转矩 $M_e(n_e)$ 适应变化的驱动转矩 M_K，同时保证车辆综合性能指标最佳。

因此，液压系统自适应控制研究的主要内容可归纳为：

（1）确定发动机目标负荷转矩 $M_e(n_e)$。

（2）确定马达的变量控制方式 $D_m(M_K)=M_K/p$，使之当 M_K 剧烈波动时，系统有比较缓慢变化（或不变化）的工作压力 p，使 D_m 与 p 同时增（减），从而保证系统压力 p 相对稳定，泵、马达在效率较高的压力区间工作，并使工作寿命和可靠性相对提高，即由马达排量控制选择系统工作压力。

（3）确定泵的排量控制方式 $D_b(n_b, p)=M_e(n_e)/p$，使发动机按目标值 $M_e(n_e)$ 工作，同时考虑 D_b，n_b 对泵工作效率的影响，使泵在效率较高的排量下工作，即由泵排量控制选择发动机的转矩和功率。

总之，由发动机变转速工作，变量泵－变量马达恒功率速度自适应控制的牵引车辆系统是一个多参数控制的复杂系统。

1.3.2 非牵引式车辆

多系统工作且有严格作业质量要求的非牵引车辆，采用恒速控制原理，行走系统的构成为发动机（定油门工作）、无级变量泵－有级变量液压马达、小滑转率行走机构。

（1）发动机定油门（固定转速）工作以减少对速度的影响因素。

（2）选用有级变量马达，根据作业工况和运输工况的变化选择相应的固定排量工作。在作业工况下马达排量固定可以减少行走速度的影响因素，这为恒速控制的必要性所要求；连续的稳定工况使牵引负荷比较平稳，因而系统工作压力不会剧烈波动，无须通过马达排量控制进行压力调节，这为马达定排量工作提供了可行性。

（3）工作压力、泵排量、发动机转速等变化因素产生的马达转速变化，以及车辆调速的需要均通过单一的泵排量控制来调节，控制方式简单且工作可靠。

(4) 车辆牵引元件滑转产生的实际行驶速度与理论速度的差异通过行走机构在滑转曲线上的匹配来解决：增大附着重量，降低滑转率，使车辆工作在滑转曲线的低滑转率线性段，滑转值小且易于预测。

1.4　工程车辆液压系统智能化

工程车辆的产品品质，可以按照品质的载体分为硬件品质和软件品质。目前，我们通过国际采购，选用世界顶级的发动机、液压件、底盘和传动件等，使国内产品的硬件品质达到了国际一流水平。我们与世界最高品质的差别主要体现在软件品质上。

软件品质包含两方面的内容：

(1) 主机最优控制：如何控制各个部件实现整机性能最佳，甚至能够采用次优部件实现最优的主机性能。

(2) 主机协调控制：包括主机对作业对象的适应能力和主机之间的协作能力。

本文通过分析现有工程车辆的技术结构，指出了现有工程车辆技术体系的主要缺陷，针对这些技术缺陷，提出了基于可编程控制器和可编程驱动器的全新的工程车辆智能化解决方案，并在智能主机的基础上进一步提出了基于 M2M 的工程车辆机群智能化解决方案，最后展望了工程车辆智能化的发展趋势。

1.4.1　传统工程车辆的技术结构分析

工程车辆的工作过程，可以看作发动机的功率经过传递和转换对外负载做功的过程。从发动机到外负载的功率流动中，有两条技术线：功率的传递与转换；功率的控制和协调。

目前，发动机的控制主要依靠发动机自带的调速器或 ECU（电控单元），主机控制器一般只对发动机转速进行控制。液压系统普遍采用比例调速系统等流量耦合方式，比例系统具有很多缺陷：

（1）比例阀系统的速度的线性度和重复性不高，容易受压力变化的影响。

（2）并联负载之间的压力干涉会影响流量分配，使执行机构的速度难以控制。

（3）流量分配能力低。为了在有限的流量源下获得尽量宽的调速范围，需要根据动作需求对油源进行流量分配控制。

（4）微动性不好，在最低稳定速度之下，则出现爬行、蹿动等现象。

为了弥补比例系统的上述缺陷，各液压元件厂家在传统比例系统上增加了负载补偿阀、合流阀、优先阀等控制阀组，使得系统的元件数量大大增加、系统日趋复杂，并且使系统的性能更多地依赖于元件的材料、加工工艺和加工设备。上述改进措施始终是在比例系统的技术构架下做修改和完善，虽然取得了一定的效果，但在要求较高的场合仍不能满足使用要求，而且继续改进的空间已经不多。

由上述分析可知，传统工程车辆的技术体系存在下列主要缺陷：

（1）液压系统承担了太多的控制和协调功能。根据液压系统和电气系统本身的优缺点，液压系统应该专注于功率的传递与转换，电气系统应该发挥专长，承担功率的控制和协调的任务；发动机、液压泵等部件集成的控制模块分割了整机控制系统，应该打破部件之间的控制壁垒，建立统一的控制系统。

（2）主机控制器对发动机、液压系统的控制手段太少。主控制器应通过 ECU 对发动机喷油脉宽和相位、喷射驱动电流、燃油计量驱动电流、高压共轨的轨压、液压泵的排量和功率、液压阀的开度、油缸的行程和速度、马达的转速和转角等进行控制，实现主机的高度可控。

1.4.2 建立全新的电液控制方案

新方案突破了传统系统的技术构架，重新定位液压和电气系统的职能，由电气系统完成功率控制功能，建立基于可编程控制器的电控系统和基于可编程驱动器的液压系统；打破传统系统中部件间的技术壁垒，建立更加广泛和深入的整机控制体系。新方案的控制方框图如图 1－1 所示。

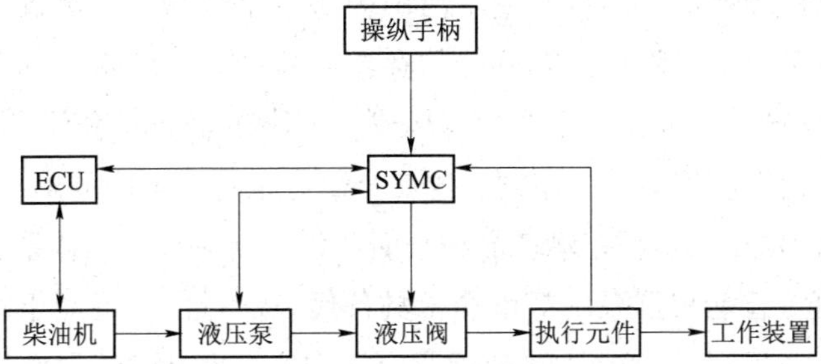

图 1－1 全新的电液控制方框图

首先，可编程驱动器克服了现有比例调速系统的缺陷，使得控制器的执行能力大大增强；系统控制功能的实现方式由液压转向电气，可控点的数量大大增加，控制措施深入到发动机和液压系统的各个环节；各个传动环节的局部最优控制服从于主机性能的全局最优控制，使整机的动力性、经济性和作业效率达到综合最优。

基于可编程控制器和可编程驱动器，建立全新的工程车辆电液控制系统，能够实现多关节工作装置的工程车辆自动控制和精确定位。SYMC 接收用户的操作信息并进行分析，控制动力、传动、驱动各个环节，甚至可以实现无人驾驶的工程车辆。可编程驱动器的性能确保主机的高定位精度和重复精度。主控制器可以根据作业对象和作业环境的特点实时调整各个部件的性能参数，并且可以根据操作人员的操作习惯进行辅助操作，提高操作舒适性，实现操作人员、工程车辆、作业对象和作业环境的和谐统一。

1.4.3 工程车辆与 M2M 技术相结合

M2M 是机器对机器（machine－to－machine）通信的简称。简单来说就是把世界上所有的机器都纳入一张通信网中，使所有的机器之间可以方便地建立通信联系。M2M 与工程车辆产品的结合，将形成先进的产品和服务体系，为工程车辆产业开辟一个更为广阔的产业前景。

M2M技术的目标就是使所有机器设备都具备连网和通信能力，其核心理念就是“网络一切”（network everything）。未来网络技术将无所不在，计算机和通信应用将改变生活中的每一个领域。“网络一切”预示着用户可以随时随地感知网络的存在，并享受网络带来的便捷。典型的M2M产品主要由以下三部分构成：无线终端、传输通道、行业应用中心。根据应用对象的不同，这三个部分也将以不同的形式出现。

作为M2M与工程车辆产品结合而产生的新一代产品体系，三一重工“混凝土智能机群系统”就非常具备代表性。在“混凝土智能机群系统”中，以混凝土搅拌站为行业应用中心，利用3G网络作为传输通道，在若干混凝土泵车、搅拌车上安装SYLD－V显示屏作为无线终端，实现混凝土的生产、运输、施工等环节智能化、协调作业的“机群系统”。在这个系统中，泵车的施工进展情况、搅拌车的车辆运行状况、搅拌车生产调度信息等实现了共享。可以想象，今后这一类“互联互通、协同作用”的工程车辆智能机群系统将会越来越多，使得工程车辆不再是单独的个体，而可以是以“系统”的形象出现在客户面前，进一步提升产品核心竞争力。

而作为三一集团核心竞争力之一的“服务”，也将因为对M2M技术的应用而呈现出完全不同的另外一番景象。M2M对于“工程车辆现场性能状态信息实时获取、机械健康状态评估、性能预测预警、远程故障诊断、远程排故指导”等方面都起到非常重要的作用。M2M技术的应用将进一步推进对工程车辆的远程监控能力，多媒体、多功能和多内容的通信将成为主导：

（1）多媒体：除了传统的数据信息之外，视频、音频的加入使得技术服务支持人员能更加全面、直观地了解现场发生的情况，提供更有效、更实时的服务。

（2）多功能：远程设备管理、产品软件远程升级（远程调试）、远程作用指导、企业工程施工经验积累等。

（3）多内容：满足企业的各个环节（销售、服务、财务、质量、产品决策）对产品各方面信息的需求。

（4）我们相信，由于M2M技术的加入，未来机器也将不再冰冷，"有感觉、有智慧、有交流"的工程车辆产品就在我们的眼前。

1.4.4 展望工程车辆的技术发展趋势

工程车辆是典型的技术密集型产品，集计算机技术、电子技术、液压技术、远程通信技术和自动控制技术为一体。以上多学科技术与工程车辆深度融合，必将在工程车辆作业质量、控制精度、操作舒适性、远程监控和智能诊断等方面产生深远影响。

以可编程控制器和可编程驱动器为基础元件，通过机械、电气、液压技术融合实现基础元件的智能化和工程车辆主机的智能化，建立更透彻的感知和更深入的智能，将会实现主机工作装置的快速、精准和节能。

以机群施工工艺流程为基础，以3G（第三代移动通信技术）等新一代远程通信技术为载体，建立基于M2M技术的机群智能系统，将会实现机群的信息共享、协同作业、远程监控和故障诊断，实现工程车辆主机之间更加广泛的互联互通。

在可以预见的未来，工程车辆产品的智能化水平将在智能元件、智能主机和智能机群三个层次上同步提高，并助推工程车辆的品质提升和价值提升。

第二章　工程车辆液压自动挡技术

2.1　工程车辆液压行走自动挡总体方案

2.1.1　我国工程车辆液压行走系统技术状态

目前，采用液压传动的起重机的最大行驶速度一般不超过 30 km/h，液压行走系统用于场地内行驶和作业，而不用于长距离运输。全液压起重机和全液压平地机是典型的采用液压传动的工程车辆，其中，全液压起重机最大行驶速度一般不超过 20 km/h，其行走系统用于场地内的移动和短距离的行驶，当长距离运输时，需要借助平板车。全液压平地机空载最大行驶速度一般不超过 30 km/h，其工作时速度相对较低，空载回程或行走工况的速度较高。本书重点调研了全液压起重机的行驶系统，并对起重机行驶操控性、经济性和安全性进行了深入的调研。

起重机行走液压系统包括柱塞泵、主控制阀、先导控制阀、行走马达等。其中，先导控制阀的先导压力同时控制主泵的排量和主阀的开口，同时具有泵控系统的节能性和阀控系统的快速性。图 2－1 所示为三一重工港口轮胎起重机图片。

轮胎起重机具有液压行驶驱动系统和电子功率控制系统，基本具备了自动挡的硬件条件，但在自动挡行驶驱动控制上并没有展开深入的研究和开发，在行驶操控性、经济性和安全性等方面还有很大的提升空间。

全液压平地机的行走系统采用闭式静液压传动，包括 DA 控制柱塞泵和 DA 控制柱塞马达，马达一般带有压力补偿功能。

图2-1 三一重工港口轮胎起重机

平地机行走系统包括柱塞泵、过压保护阀、补油泵、单向阀、DA阀、变量机构和液压马达等。DA控制的液压系统可以使泵的排量随发动机转速自动控制，马达排量随车速和液压系统压力自动控制。三一重工在行业内率先开发成功全液压平地机，提高了平地机的行驶驱动能力，改善了平地机驱动系统的调节特性，取得了良好的经济效益和社会效益。图2-2所示为三一重工全液压平地机的施工图片。

图2-2 三一重工全液压平地机

此外，应用闭式系统的还有堆高机等港口机械。三一重工在行业内率先开发成功全液压堆高机，该机行走驱动系统采用闭式液压系统传动。闭式系统具有结构紧凑、传动压力高、传动平稳等优点。三一全液压堆高机采用单泵－双马达并联驱动方案，实现了转向自动流量分配、液压系统软差速等先进技术。图2－3所示为三一重工全液压堆高机图片。

图2－3　三一重工全液压堆高机

目前，起重机除了行走系统外，还有许多液压执行机构需要液压泵供油。这样，在多执行机构的工程车辆上，为了减少液压泵的数量，开式系统具有很大的优越性。

具有闭式液压系统的平地机和堆高机等工程车辆具有一定的自动行驶特性，但其自动行驶是建立在液压控制系统的基础上的，由于液压控制系统的柔性较差，控制性能很难对外负载进行自适应控制，这种自动行驶系统的操控柔性不高，经济性和安全性也较低，远不能满足市场和用户的要求。

2.1.2　国外工程车辆液压行走系统的技术现状

目前，国际上最大的工程车辆制造基地主要分布在美国、日本和欧洲，其中以德国的液压件生产最为著名，国际上大的工程车辆制造商主要采用德国液压件。近二三十年里，日本的液压工业从最初的仿造德国到消化德国技术后的自助研发，其液压件占据了国际市场的很大一部分。因而工程车辆液压系统也基本上分为德系、美系和日系。

日立住友起重机（图2－4）是国际上具有代表性的起重机，其液压系统采用日本川崎液压系统，采用开式系统传动方案。

图2－4　住友起重机

New Holland公司是欧洲著名工程车辆制造商，其轮式挖掘机、平地机均采用开式液压系统传动方案。图2－5所示为New Holland轮胎挖掘机施工照片。

图2－6所示为New Holland平地机照片。

图 2－5　New Holland 全液压轮胎挖掘机

图 2－6　New Holland 全液压平地机

国外对起重机等工程车辆的行驶系统的电子控制进行了长时间、深入的研究，在工程车辆自动行驶方面具有明显的技术优势。

由上述国内外技术现状分析可知：国外对起重机自动挡行驶的研究显著领先；国内的全液压起重机已经基本具备了液压驱动系统和电子控制系统，但在自动挡控制方面没有展开深入的研究，在行驶操控性、经济性和安全性等方面具有很大的提升空间。

目前，针对工程车辆液压行走系统的研究主要集中在如下技术路线：

➢ 完善起重机电液行驶系统；

➢ 提出起重机自动挡系统的控制功能和特性；

➢ 通过机电液联合仿真对自动挡系统进行仿真试验研究；

➢ 在行驶操控性、经济性和安全性三个方面提高自动挡系统的性能。

2.2　工程车辆液压行走自动挡系统设计

起重机是具有专门用途的施工装置，具有轮式行走装置的自行式起重机转场机动灵活，在工程建设、建筑施工和路桥施工等土木工程中发挥着巨大的作用。

传统的起重机的行走装置采用机械式传动或液力机械式传动。机械式传动方式具有传动效率高、传动精度高等优点，但换挡和调速不方便，难以实现智能控制。液力机械传动方式是在机械传动方式的基础上引入了液力变矩器，液力变矩器具有传动比与负载自适应、传动柔和等优点，但液力变矩器的高效率区域非常狭窄，低速稳定性差，对于行驶速度较低，需要频繁启动、制动、换向的起重机来讲，总传动效率低，造成系统发热大，操作性差，驾驶员劳动强度高。

静液压传动微动性好，速度刚度大，传动效率高，易于进行启动/制动、换向操作，且易于实现电液复合控制。近几年，随着液压工业的发展，液压原件的可靠性不断提高，成本不断降低，国内外相继出现了全液压驱动的工程车辆，如全液压推土机、全液压平地机、全液压叉车、全液压起重机、全液压挖掘机等。

静液压驱动技术的优点是相对于机械传动和液力机械传动的，液压传动的优点集中在动力传动方面，而在智能控制方面，电子控制方式具有成本低、控制性能好、易于调节等优点。

在起重机实现全液压化以后，如何引入电子控制方式，使液压传动与电子控制相结合，充分发挥液压传动和电子控制的优点，实现起重机行走驱动的智能化，是当前和今后一段时期内国内外起重机的发展趋势。

目前，起重机的行走驱动系统的传动方式包括机械传动、液力机械传动、液压传动和电机驱动等方式，每种传动方式都具有各自的优缺点。

机械传动是指发动机的动力经过离合器、变速箱、万向节、传动轴、驱动桥、轮边减速器最终驱动车轮转动，使整车行驶的传动方式，由于只需克服运动副的摩擦阻力，其速度损失很小，所以具有传动效率高、传动精度高、传动可靠等优点；但速度调节主要依靠变速箱换挡，调速惯性很大，响应速度不高；如果由驾驶员操作变速箱换挡，很难掌握最佳换挡时间，同时增加了驾驶员的劳动强度，如果采用智能换挡变速箱，成本大幅度增加。由于以上缺点，目前起重机很少采用单纯的机械传动方式。

液力机械传动是在机械传动方式的基础上增加液力变矩器。液力变矩器是一种靠液力的动量传递动力的变速装置。液力变矩器的输出转速能够对负载转矩自适应，当外负载增加时，输出转矩自动增加，输出转速自动降低，即液力变矩器的传动比是随负载的变化而变化的，所以液力机械传动方式改善了驱动系统的操作性能，降低了驾驶员的操作强度，使车辆在起步、加速、制动等过程中更加柔和可控，这种性能对于频繁起步、停车、加速、制动的起重机具有重大意义。液力机械传动的缺点是速度刚度小、传动效率低。由于液力变矩器的扭矩自适应特性，当外部负载增加时，车辆速度自动降低，这在某些要求恒速行走的工程车辆上是不允许的。另外，液力变矩器的高效率区域非常窄，在大部分的转速范围内，效率都很低，这对于频繁起步、加速、制动的起重机是个大问题。而汽车、轿车等高速车辆的启动制动时间占总行驶时间的比例很小，所以液力变矩器的效率对能耗的影响不大，液力变矩器因此在高速车辆上广泛应用并具有很大的优势。

液压传动是近几年才广泛应用的一种传动方式，发动机的功率经过液压泵、液压阀、液压马达最终驱动车轮行驶。液压传动按系统形式分为开式系统和闭式系统。开式系统由单向液压泵、主控制阀和双向液压马达组成，液压油经过液压泵、主控制阀、液压马达做功后回到液压油箱，开式系统具有速度调节性好、散热性好等优点。闭式系统由双向液压泵、双向液压马达和辅助液压阀组成，液压油经过液压泵、液压马达做功后再次进入液压泵，闭式系统具有压力高、结构紧凑、传动平稳等优点。

液压传动与机械传动、液力机械传动相比，具有布置灵活、操作性好、便于实现智能控制等优点。近几年来，随着液压技术的发展，液压元件的性能不断提高，价格不断降低，液压传动的缺点逐渐缩小甚至消失，液压传动系统在起重机和特种机械上应用日渐广泛，先后出现了全液压推土机、全液压平地机、全液压起重机、全液压挖掘机、全液压压路机、全液压摊铺机、全液压钻机等机械。

上述起重机和特种机械在实现全液压化后，对液压系统的电子控制和智能控制水平尚未完全跟上，导致部分液压行走系统性能欠佳。造成这种状况的原因是，液压元件生产商只是提供了液压系统的元件，电气设备生产商只是提供了电气元件，而决定车辆行驶系统性能的关键却是液压元件的合理匹配和控制策略，这一工作只能由整机生产企业完成。

我国很多企业在生产整机起重机时，采用的液压元件和电子设备都是进口的，但整机性能却不如国外的相同车辆，根本原因在于元件匹配和控制策略不同。

2.2.1 起重机行驶液压系统实现方案

目前，起重机大多是 4×2 单桥驱动行走系统，即车辆共有两个车桥，一个驱动桥，一个转向桥。本书针对 4×2 单桥驱动行走系统，多桥驱动不在本书的研究范围之内。

行走驱动系统包括动力输出装置、动力传动装置、动力控制装置等。目前采用液压传动的行走驱动系统有两种主要的驱动型式：

➢ 闭式传动：发动机—闭式液压泵—双向液压马达—轮边减速

器—车轮。

➢ 开式传动：发动机—开式液压泵—主控制阀—辅助控制阀—双向液压马达—驱动桥—车轮。

由于闭式传动方案需要单独占用一个泵或两个泵，所以其应用范围相对较小，而开式传动可以与其他工作装置共用液压泵，在系统布置上具有优势。

开式传动系统辅以特定的功能阀组，可以实现传动效率高、响应速度快、具有负载自适应功能、具有安全保护功能、成本较低、传动可靠、方便控制的驱动系统。

基于开式传动系统的诸多优点和驱动桥的成熟的分动、差速性能，本书采用开式传动液压系统 + 驱动桥的传动方案。总体方案布置如下：

发动机—液压泵—主控制阀—行走制动阀—补油溢流阀—液压马达—驱动桥。

基于总体方案的要求，液压系统采用如下传动方案：双联电控变量柱塞泵 + 电比例控制主阀 + 过压保护模块 + 防吸空模块 + 行走制动模块 + 电比例变量马达。各元件和功能块的功能和实现方案如下：

➢ 电控变量柱塞泵：采用 REXROTH A11VO190EP2D 液压泵，该泵主要技术参数如下：

最大排量：193 mL/r；

额定转速：2 500 r/mim；

额定流量：405 L/min；

额定功率：236 kW；

额定扭矩：1 075 N · m。

其原理如图 2 – 7 所示。

➢ 电比例控制主阀：主要技术参数如下：

额定压力：350 bar①；额定流量：500 L/min；端口溢流压力：380 bar。

① 1 bar = 10^5 Pa。

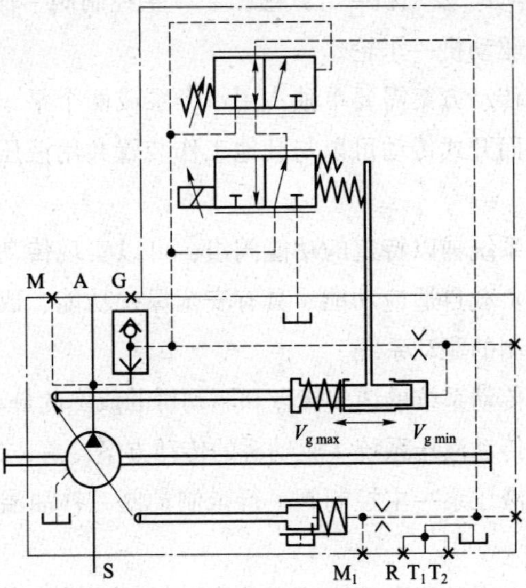

图 2－7　电控柱塞泵原理

其原理如图 2－8 所示。

➢ 补油、溢流、缓冲模块，其主要技术参数如下：

单向阀通径：20 mm；

单向阀开启压力：3 bar；

溢流阀压力：300 bar；

溢流阀额定流量：300 L/min。

其液压原理如图 2－9 所示。

➢ 行走制动模块，其液压原理如图 2－10 所示。

电比例变量马达，主要技术参数如下：

最大排量：200 mL/r；

额定转速：2 900 r/min；

最高转速：4 600 r/min；

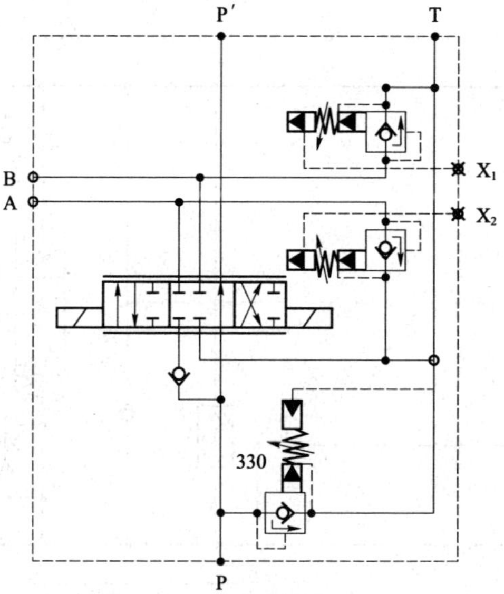

图 2－8 电比例控制主阀原理

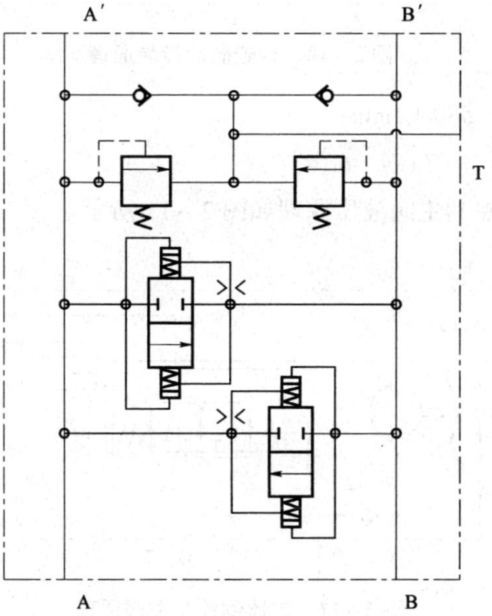

图 2－9 补油溢流阀原理

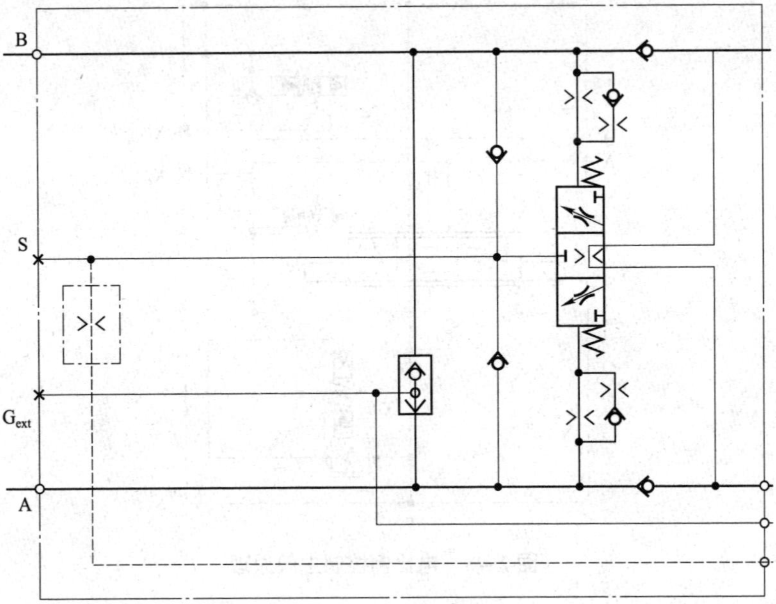

图 2-10　行走制动模块原理

额定流量：580 L/min；

最大扭矩：1 273 N · m。

其电比例控制主阀液压原理如图 2-11 所示。

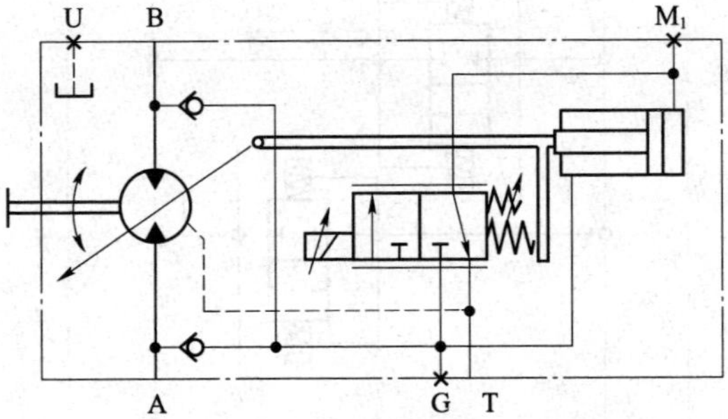

图 2-11　电比例控制主阀原理

自动挡液压系统原理如图 2 – 12 所示。

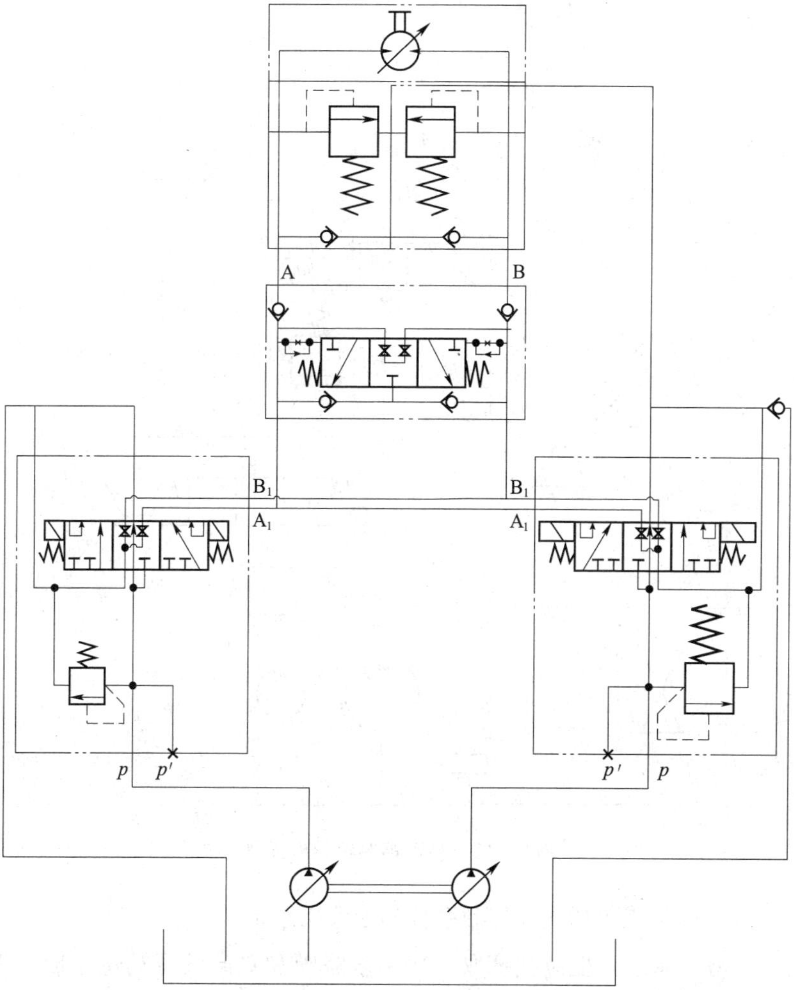

图 2 – 12　自动挡液压系统原理

2.2.2　起重机自动挡系统实现方案

自动挡系统的控制结构如图 2 – 13 所示。

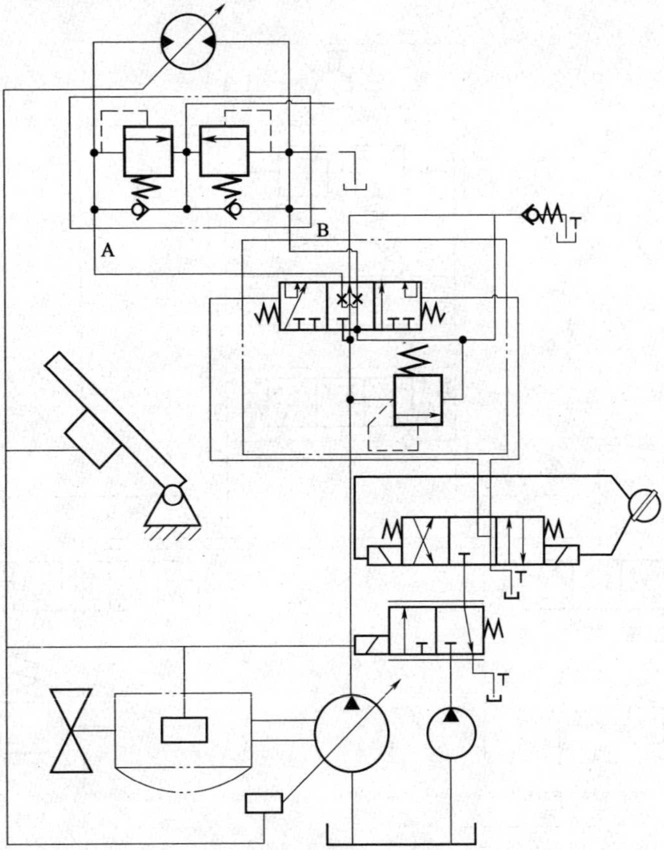

图 2－13　自动挡系统控制结构

自动挡系统包括先导控制系统和主液压系统。

主液压系统由变量柱塞泵、比例多路阀和双向液压马达组成，为了限制主油路中的压力过高和过低，在液压马达上集成了双向补油溢流阀，比例阀采用液控换向方式，并在比例阀的泵侧集成了主溢流阀，用于限制液压泵出口的最高压力。比例阀采用 O 形中位机能，并在比例阀与油箱之间设置了背压阀，以利于液压制动时向主油路补油。

先导控制系统包括先导齿轮泵、三通比例减压阀、三位四通电磁换向阀和油门踏板等。齿轮泵是先导液压系统的油源，比例减压阀从先导油源处产生一个比例的压力，该压力经过电磁换向阀进入三位六通比例阀，电磁换向阀的三个位置分别控制车辆前进、停车和后退。电磁换向阀由行车挡位开关控制，该挡位开关有三个挡位：前进挡、停车挡和倒车挡。

这样，可以建立全液压起重机行走系统的基本控制方式：油门踏板的角度信号同时控制柴油机的喷油量和柴油机转速、液压泵的排量、液压马达的排量和比例减压阀的输出压力，比例减压阀的输出压力经过挡位开关控制比例多路阀的方向和开度，进而控制车辆的行走方向和行走速度。

对于上述起重机自动挡行驶系统的控制方案，驾驶员在开车时，首先要选择行车挡位：前进、停车或后退，当行车挡位开关处于停车位置时，所有的行车操作都被屏蔽，这样可以防止误操作，提高了起重机的安全性。当行车挡位开关置于前进或后退位置时，驾驶员只需踩油门即可实现开车并通过油门控制起重机的行驶速度，与车速相匹配的柴油机的转速控制、柴油机的功率控制、主液压泵的排量控制、比例阀的流量控制和液压马达的排量控制都是自动匹配和自动控制的。其控制方案如下：

自动挡行驶系统的控制主要包括行走速度控制和功率匹配控制。功率匹配控制包括负载自适应控制和柴油机与液压泵的功率匹配控制，不在本书的讨论范围之内。

起重机行走速度自动挡控制方式如下：

在初始状态，发动机开机处于怠速状态，液压泵处于最小排量状态，保持液压系统润滑和冲洗的最小输出流量。保持液压泵的最小流量的另一个作用是，当驾驶员踩下油门踏板开始开车时，液压泵不是从零排量开始动作，而是从某一个预先设定的排量开始动作，这样就提高了液压系统的流量响应速度，也就是提高了行驶系统的操控性。

开机并启动柴油机时，控制系统首先进行初始化，行走系统的初始状态为：液压马达的初始排量在最大排量，比例阀的初始位置在中位位置，电磁换向阀的初始位置也在中位，行车挡位开关无论实际是否在停车位置，在初始状态都输出停车信号，以免如果由于驾驶员的疏忽，行车挡位开关没有回到停车位置，下次一起动发动机，车就开始行走了，这是很危险的，也是不规范的。

控制系统完成初始化后，驾驶员即可驾驶起重机行驶。开车时，首先将行车挡位开关置于非停车位置，然后通过踩油门来驾驶车辆行驶。当驾驶员控制油门踏板角度不断增加时，柴油机的喷油量不断增加，发动机转速不断升高；油门信号同时实时控制液压泵的排量也随之逐渐增大；油门信号同时实时控制比例减压阀的输出压力，经过电磁换向阀推动比例阀动作，控制主油路的流量，进而控制车辆的行驶速度。

在油门角度变化的开始阶段，液压马达的排量是不变的，车速的控制主要由液压泵和比例阀共同确定。其中，液压泵对液压系统的流量进行初步调节，比例阀对液压系统的流量进行二次精细调节，液压泵和比例阀共同作用，实现速度的精细控制。

这种粗调加精调的流量控制方式具有比较明显的操控性能优势和节能性，既有泵控系统经济性好的优点，又有阀控系统响应快的优点，是一种实用价值很高的流量控制方式。

随着油门踏板角度的增大，液压泵的排量和比例阀的开度先后达到了最大位置。此时，如果继续踩下油门踏板，则油门角度开始控制马达排量减小，在此位置直到油门角度达到最大，车速的控制主要由发动机转速和液压马达的排量来调节，液压泵和比例阀已经失去调速作用。当油门踏板踩到底时，液压马达处于最小排量，车辆处于最大车速状态。液压马达的最小排量并不是零排量，而是受机械转速、系统传动效率等条件限制的。

这样，在油门踏板角度从最小到最大的范围内，液压泵排量、比例阀开度和液压马达的排量之间的关系如图 2－14 中曲线所示。

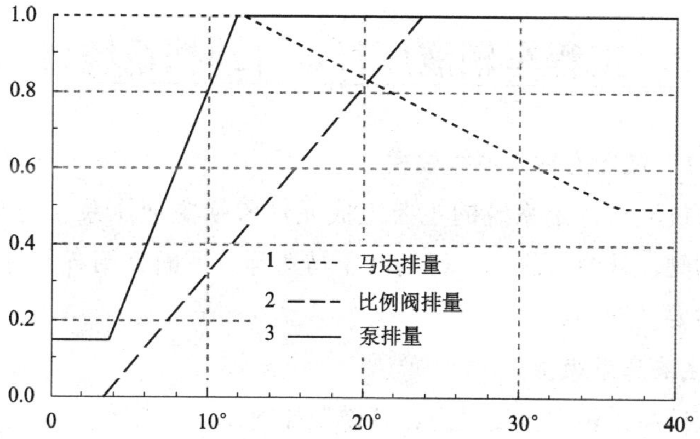

图 2－14　液压泵排量、比例阀开度和液压马达的排量关系

图中，横坐标表示油门踏板角度信号，1 号线表示液压马达排量的控制规律，2 号线表示比例阀排量的控制规律，3 号线表示液压泵排量的控制规律。

当油门踏板角度由最大变回最小时，液压泵、液压马达和液压阀的排量控制过程相反。

2.2.3　起重机自动挡系统特性和功能设计

起重机自动挡系统的控制特性和功能包括以下模块：

（1）调速特性：实现油门踏板对车速的完全控制。

（2）制动特性：通过液压系统的压力监测和对液压元件的调节，实现起重机的柔和制动，防止液压系统压力过高和过低对系统造成损坏。

（3）紧急制动：在紧急情况下，控制液压系统发挥最大的制动能力。

（4）定速巡航：通过发动机功率对行驶阻力的自适应控制，实现起重机定速巡航功能。发动机转速控制在最低油耗转速，控制液压泵吸收发动机的全部功率，控制液压马达调速实现起重机的经济行驶。

2.3 工程车辆液压行走自动挡系统仿真

2.3.1 液压元件和系统建模

起重机液压行走系统的主要组成元件包括主液压泵、主控制阀、行走制动阀、补油溢流阀、行走液压马达等，下面介绍各元件模型的建立和主要性能参数。

1. 主液压泵模型

主液压泵采用电控变量泵，其模型如图 2－15 所示。

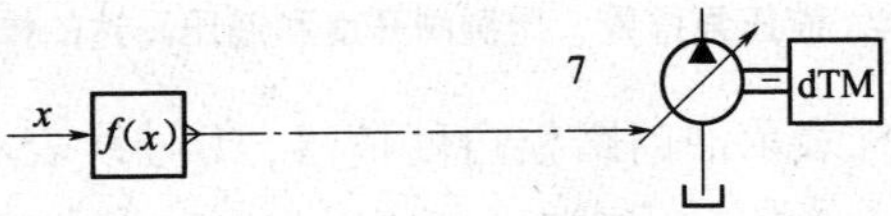

图 2－15 主液压泵模型

其中，电控信号体现了电子 DA 控制，其输入值来自于驾驶员的行驶操纵信号，其输出值 $f(x) = \min(1, \max(0.15, 0.1049x - 0.238))$，控制曲线如图 2－16 所示。

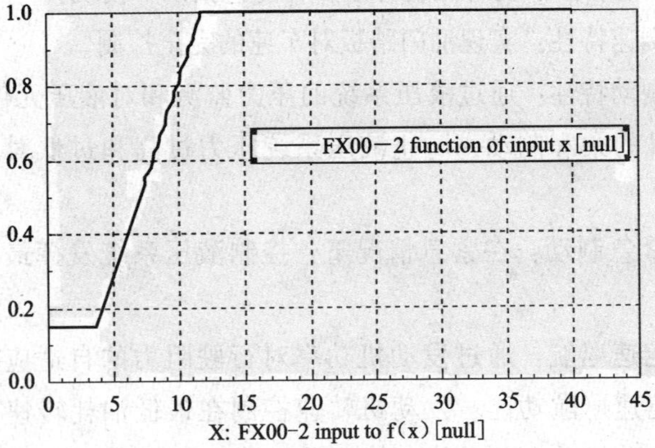

图 2－16 液压泵输出控制曲线

2. 主控制阀模型

主控制阀是一个三位六通多路阀，基于其个口开闭特性分析，采用一个换向阀和一个开关阀组合，两阀逻辑联动，构成主控制阀，其结构如图 2－17 所示。

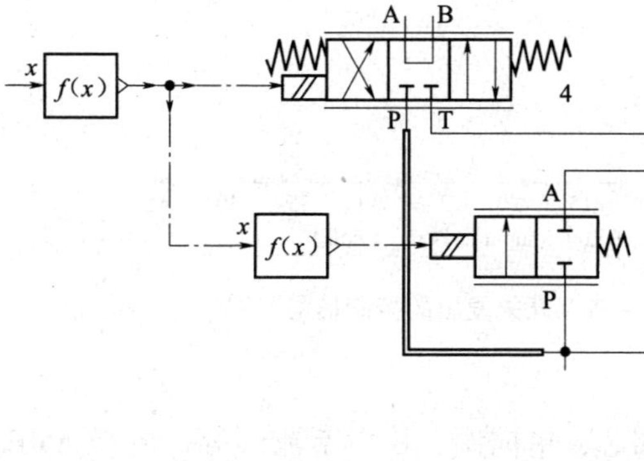

图 2－17　主控制阀模型

其中，换向阀控制信号 $f(x)=\min(40, \max(0, 1.96x-6.47))$，其曲线如图 2－18 所示，开关发的控制信号 $f(x)=\max(0, (40-3\mathrm{abs}(x))/40)$，其曲线如图 2－19 所示。

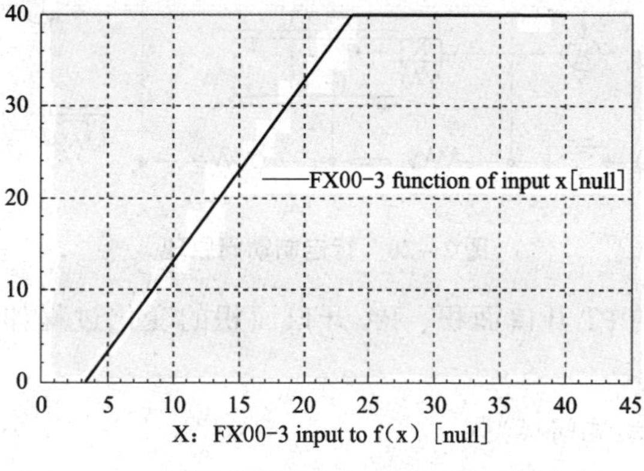

图 2－18　换向阀控制信号

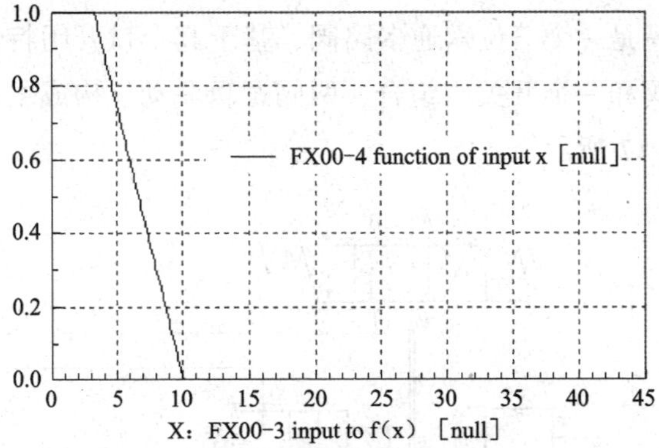

图 2－19　开关发出的控制信号

3. 行走制动阀模型

行走制动阀包括主阀芯、单向阀、单向节流阀等，由于 AMESim 模型库中没有液控阀芯，所以采用压力传感器采集压力信号并经过变送后控制主阀芯，其结构如图 2－20 所示。

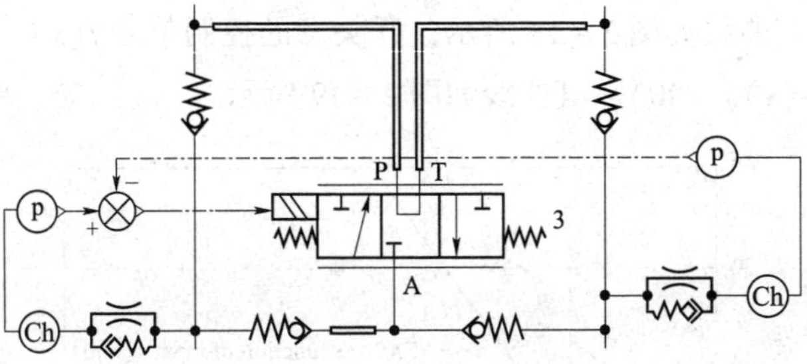

图 2－20　行走制动阀原理

主阀芯的 PT 开口面积、PA 开口面积的变化过程如图 2－21 所示。

4. 补油溢流阀模型

补油溢流阀包括单向阀和溢流阀，其结构如图 2－22 所示。其中，单向阀的开启压力 0. 35 bar，溢流阀的开启压力 350 bar。

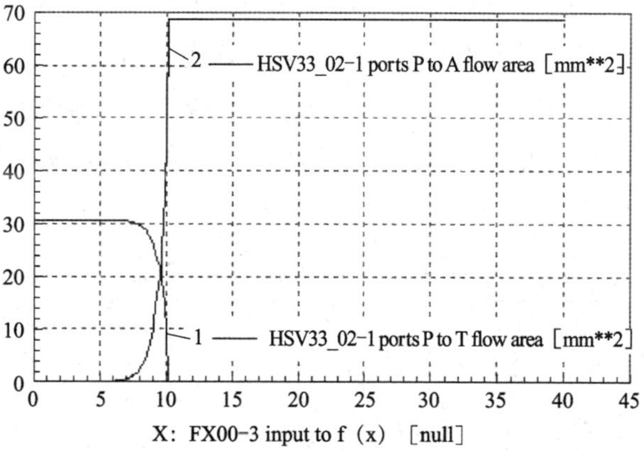

图 2-21　主阀芯开口变化曲线

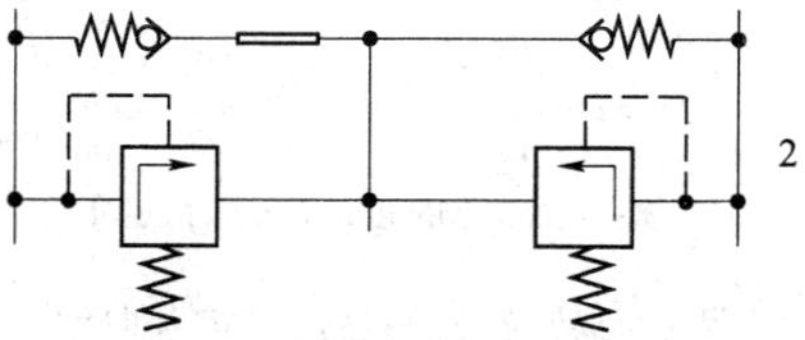

图 2-22　补油溢流阀结构

5. 行走液压马达模型

行走液压马达采用电控变量液压马达，包括压力自适应控制和电子 DA 控制。其结构如图 2-23 所示。

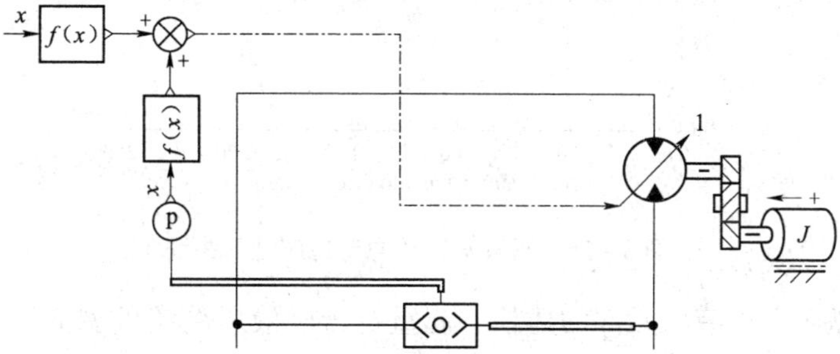

图 2-23　行走马达控制结构

其中电子 DA 控制信号 $f(x) = \min(1, \max(0.5, 1.25 - 0.0208x))$，其控制曲线如图 2-24 所示，压力自适应控制是指当马达压力增高时，自动增加马达排量以降低马达转速，其控制信号 $f(x) = \min(0.5, \max(0, 0.00294x - 0.5294))$，其控制曲线如图 2-25 所示。

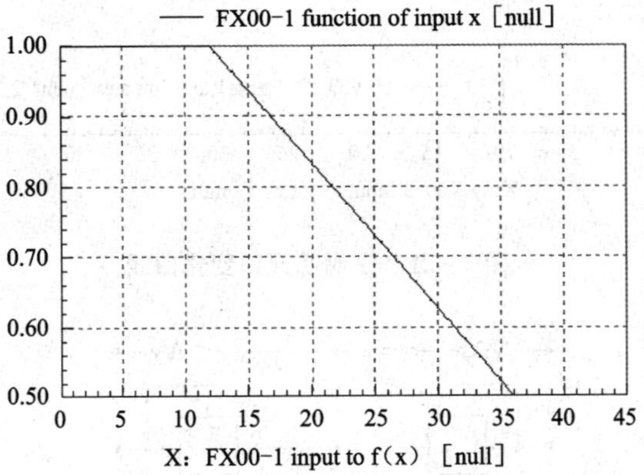

图 2-24　行走马达电子控制曲线

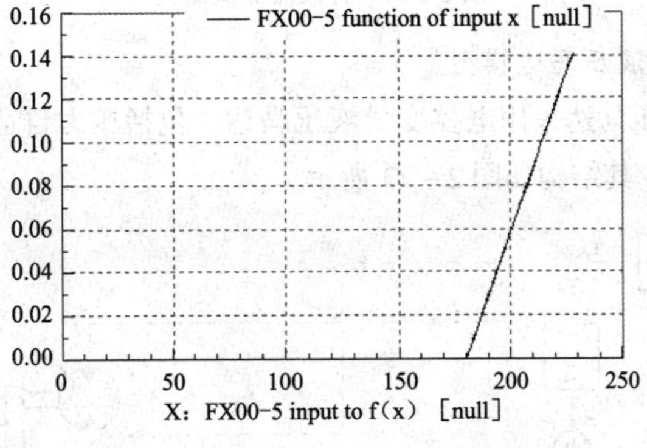

图 2-25　行驶马达压力自适应控制曲线

基于上述液压元件的建模，起重机行驶液压系统模型如图 2-26 所示。在图中的仿真模型中，液压马达通过减速机和驱动桥驱动车辆惯性负载，三位六通比例阀没有现成的 AMESim 元件模型，可以采用三位四通比例阀和两位两通开关阀组合代替，使其外特性与实物比例阀的性能相同。

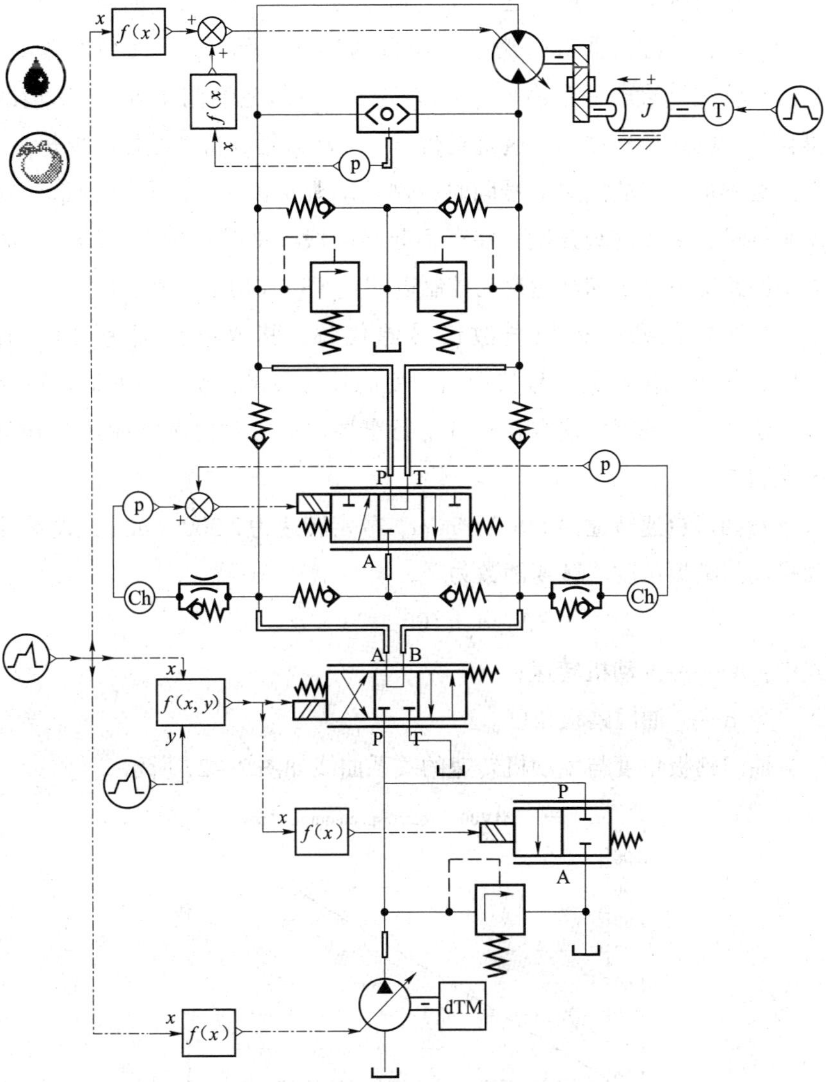

图 2－26　起重机行驶液压系统模型

2.3.2 起重机自动挡系统的控制特性仿真试验

1. 调速特性仿真试验

由于液压泵、液压马达、控制阀等均采用了电气自动控制，行走制动阀、补油溢流阀等采用了液压自动控制，所以，当车辆行驶时，只需要驾驶员给出一个输入信号（实际中一般是油门角度），车辆即可自动行驶并合理控制，这就是轿车中广泛采用的自动挡控制思想。

驾驶员给出的油门信号同时控制发动机转速、液压马达排量、液压泵排量、主控制阀开度，在车辆起步阶段、平路行驶、上坡、下坡等不同路况下，泵和马达自动控制以调整车速和功率自动适应。

行车挡位开关采用离散信号源代替，其取值范围为{1，0，-1}，行车挡位开关信号与油门角度信号的乘积驱动三位四通比例阀和两位两通开关阀，这样就实现了行车挡位信号对比例阀和行车方向的控制。

发动机怠速转速为1 100 r/mim，额定转速为2 300 r/mim，设置发动机油门踏板角度－转速函数为

$$N_e = 1\ 100 + 23 \times \alpha$$

式中：N_e——发动机转速；

α——油门踏板角度。

油门踏板角度与发动机转速的关系曲线如图2－27所示。

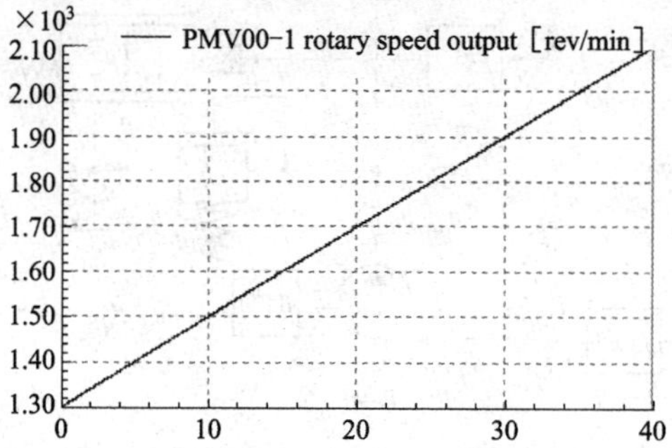

图2－27 油门踏板角度与发动机转速的关系曲线

在实机应用中，为了进一步改善起重机的驱动特性并降低燃油消耗率，也可以设置更加复杂的油门踏板角度－转速控制函数，这样也可以获得与实际发动机转速特性更加符合的仿真特性。本书选用一次曲线进行说明。

对上述仿真模型进行虚拟测试，以检验自动挡系统对车辆行驶速度的操控性。当油门从初始状态均匀过渡到最大油门位置的过程中，油门踏板角度与车速的关系如图 2－28 所示。

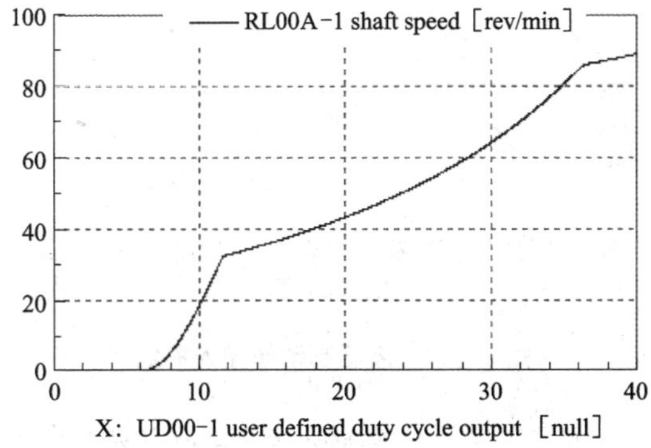

图 2－28　油门踏板角度与车速的关系

图中，横坐标表示油门踏板的角度，纵坐标表示车轮的转速，可见，在油门角度的开始阶段，车速保持为零，这种特性有助于防止驾驶员误操作，即当不小心碰到油门踏板使其产生一个微小的角位移时，车辆不会行走。这种特性主要由液压阀的中位死区等参数确定。

2. 制动特性仿真试验

起重机行驶制动系统的主要问题是制动时存在长时间的高压腔溢流和低压腔吸空，本书开发的起重机行驶系统增加了行走制动阀和电子 DA 控制，目的是通过电子和液压控制解决行走制动时的长时间溢流和吸空问题。

液压行走制动时间一般在 10～20 s，所谓的长时间溢流和吸空是指在制动过程中，存在持续的高压溢流和低压吸空问题，溢流压力超过 350 bar，吸空压力低于 -0.5 bar。这两种现象对液压系统有很大危害，可以在几周内造成液压马达报废，损失很大。

本书增加电控手段和液压制动阀等硬件后，行走制动性能分析如下。

输入信号按照图 2-29 所示曲线给定，马达转速如图 2-30 所示。

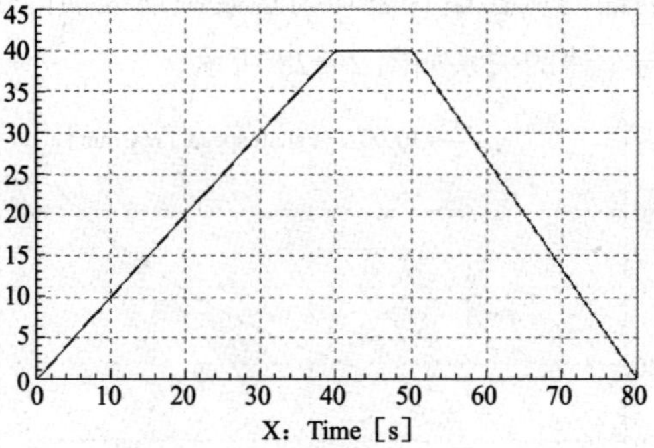

图 2-29　液压制动阀输入曲线

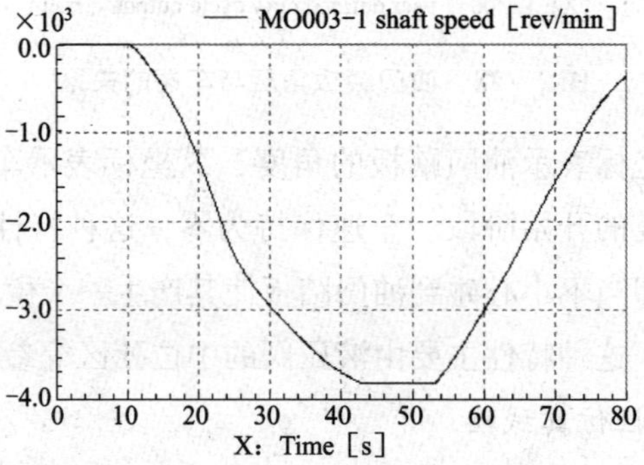

图 2-30　马达转速

可见，在加速阶段，马达转速均匀升高，在制动阶段，马达转速均匀降低，速度变化很平稳。车轮转角曲线如图 2-31 所示。

可见，车速在起步时加速平缓，起动性能较好；在加速过程中，车速变化率保持恒定，即能够均匀加速。车速线形度较高。马达压力波形如图 2-32 所示；在加速阶段，回油腔有一定的背压，这有助于保持车速稳定；在制动阶段，制动腔压力升高，但没有达到溢流压力 350 bar，实际最高压力大约为 130 bar；在制动阶段，低压腔压力没有出现吸空，最低也保持在 10 bar 以上。

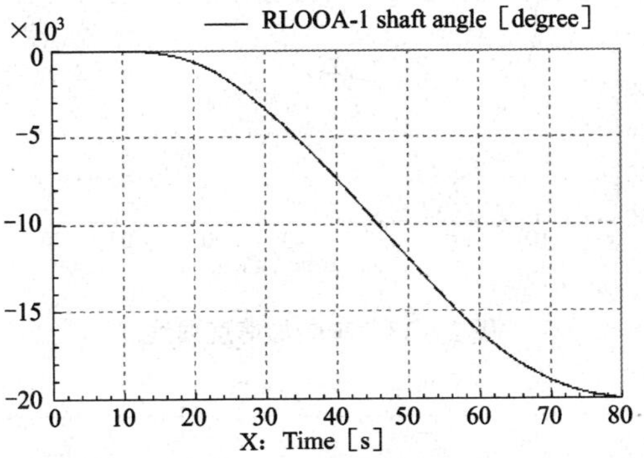

图 2-31　车轮转角曲线

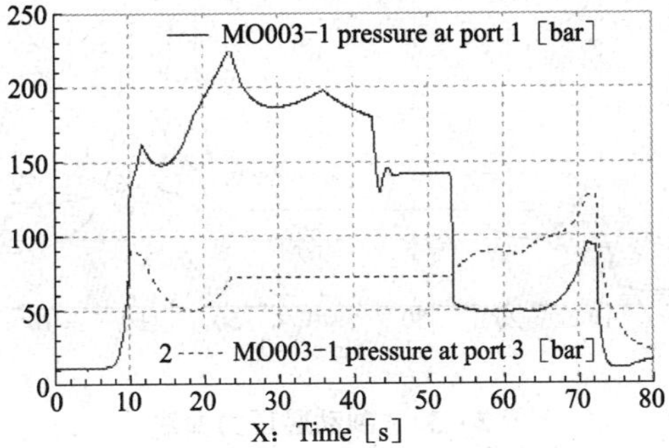

图 2-32　马达的压力波形

车轮加速度曲线如图 2-33 所示。

在加速阶段和制动阶段，加速度的绝对值都不超过 0.5 rad/s²，车辆无冲击。

改变上述输入信号的下降时间，信号从 40 降低到 0 的时间分别为 7、15、30 s，制动腔压力曲线如图 2-34 所示。图中曲线 1、2、3 分别表示 7、15、30 s 对应的制动腔压力曲线。

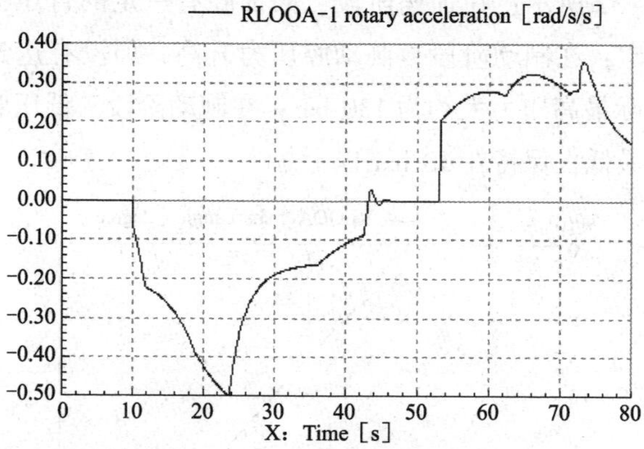

图 2-33 车轮加速度曲线

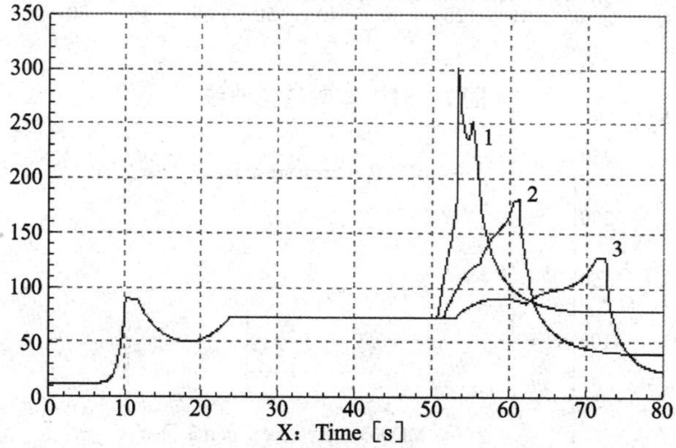

图 2-34 制动腔压力曲线

随着制动时间的增加，最高压力显著降低，这说明，适当的延长制动时间可以使车辆速度更加平稳。驱动腔低压吸空曲线如图 2-35 所示。图中曲线 1、2、3 分别表示 7、15、30 s 对应的驱动腔低压吸空曲线。

可见，改变制动时间对低压腔的最低压力没有明显影响，三条曲线的最低压力都在 10 bar 左右。

信号从 40 降低到 0 的时间分别为 2、4、7 s，系统压力如图 2-36 所示。图中曲线 1、2、3 分别表示 2、4、7 s 对应的系统高压腔压力曲线。

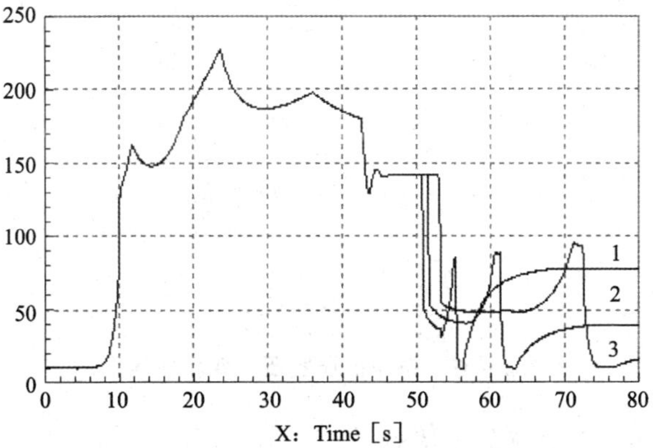

图 2－35　驱动腔低压吸空曲线

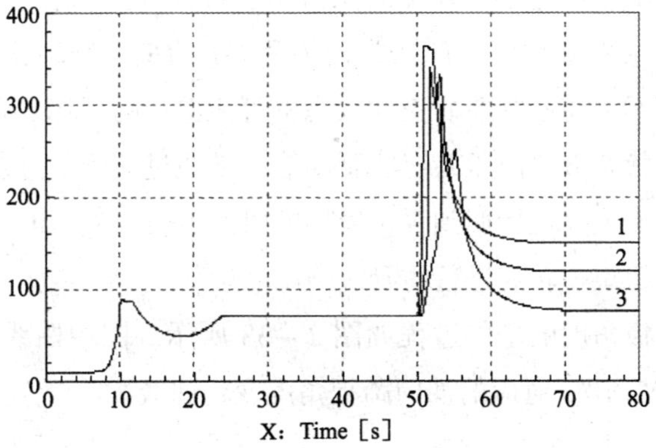

图 2－36　系统高压腔压力变化曲线

随着制动时间的继续降低，高压腔压力不断升高，并趋向于溢流压力 350 bar。当制动时间为 2 s 时，已经出现了约 0.5 s 的溢流。溢流后压力很快下降，并未出现长时间的溢留。

由图 2－37 可见，制动时间过短，对低压腔的稳态压力有显著影响，随着制动时间的延长，低压腔稳态压力明显降低。图中曲线 1、2、3 分别表示 2、4、7 s 对应的系统低压腔压力曲线。

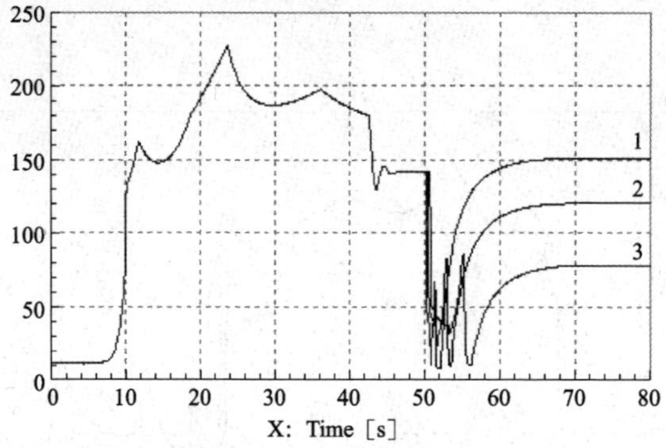

图 2-37　系统低压腔压力变化曲线图

3. 紧急制动功能仿真试验

紧急制动与正常的制动不同，正常制动追求合理的制动扭矩和制动时间，要求制动过程中系统的压力不能过高和过低；紧急制动是在车辆出现紧急情况下使用的，要求发挥系统的最大制动扭矩和最小制动时间，而不关注系统在非正常状态下可能造成的损坏。

在正常状态下，液压系统的制动能力是通过油门信号发挥作用的，在油门踏板从最大位置回到零位所用的时间 $t=1$、5、10 s 时，对液压马达输出的扭矩、转速进行仿真。

油门踏板角度的动作过程如图 2-38 所示。图中曲线 1、2、3 分别表示 1、5、10 s 对应的油门踏板角度变化曲线。

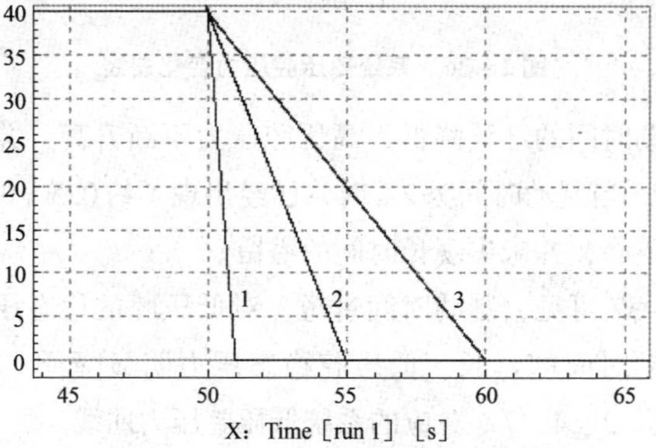

图 2-38　油门踏板角度变化曲线

液压马达的输出扭矩对比曲线如图 2－39 所示。图中曲线 1、2、3 分别表示 1、5、10 s 对应的液压马达输出扭矩曲线。

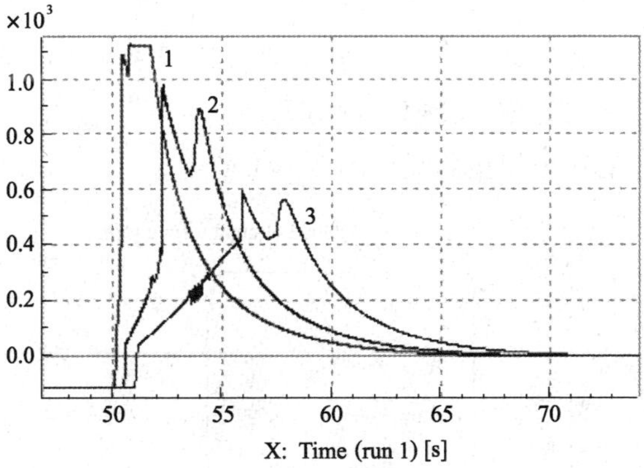

图 2－39　液压马达输出扭矩对比曲线

液压马达的输出转速对比曲线如图 2－40 所示。图中曲线 1、2、3 分别表示 1、5、10 s 对应的液压马达输出转速曲线。

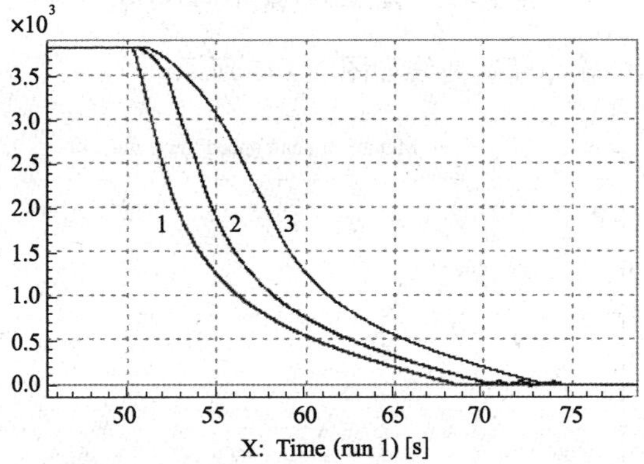

图 2－40　液压马达输出转速变化曲线

可见，其制动时间分别为：18、20、23 s，制动时间均较长，即使是油门踏板在 1 s 内抬起，制动时间仍然有 18 s，不能满足紧急情况下的制动要求。

在紧急情况下，为了发挥系统的最大制动能力，需要对系统进行如下控制：主控制阀立即换向、液压马达控制在最大排量，直到车速降为零。

为了具有对比性，在上述正常制动的相同条件下实施紧急制动，对液压马达输出的扭矩、转速进行仿真。

液压马达的输出扭矩曲线如图 2 –41 所示。

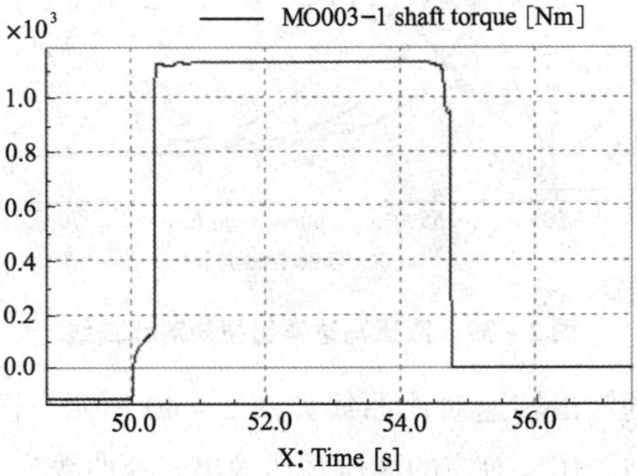

图 2 –41　液压马达输出扭矩曲线

液压马达的输出转速曲线如图 2 –42 所示。

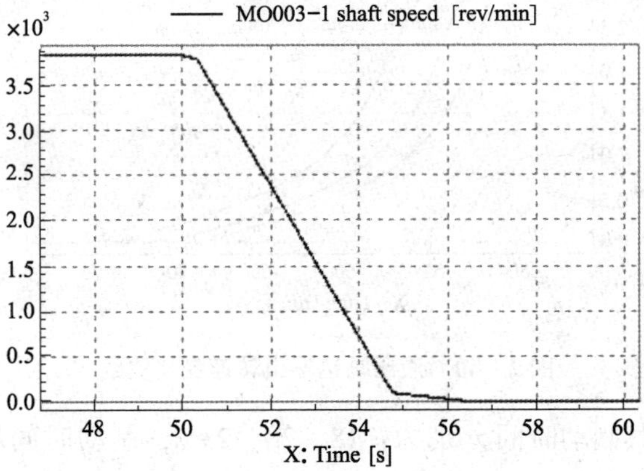

图 2 –42　液压马达输出转速曲线

可见，其制动时间还不到5 s，大大低于正常制动的时间。这几乎是液压系统所能达到的最大制动能力了。这种制动能力是如何发挥出来的呢？

首先，在实施紧急制动时，液压马达排量立即控制到最大，主控制阀立即换向到后退挡位，使得液压马达制动腔的压力保持在溢流压力，这使得液压马达能够输出最大制动扭矩。

液压马达的排量控制曲线如图2－43所示。

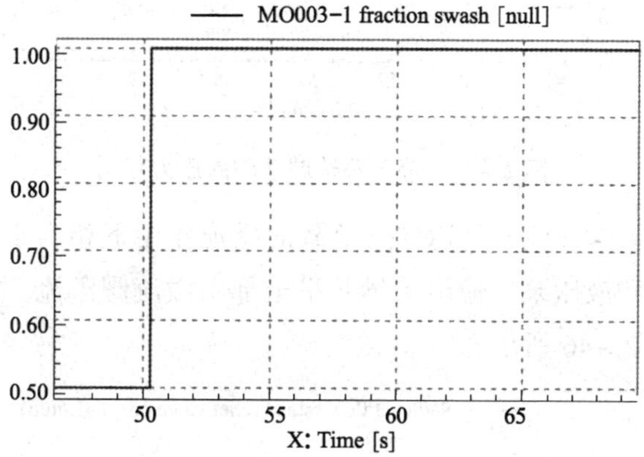

图2－43　液压马达排量控制曲线

主控制阀的挡位控制如图2－44所示。

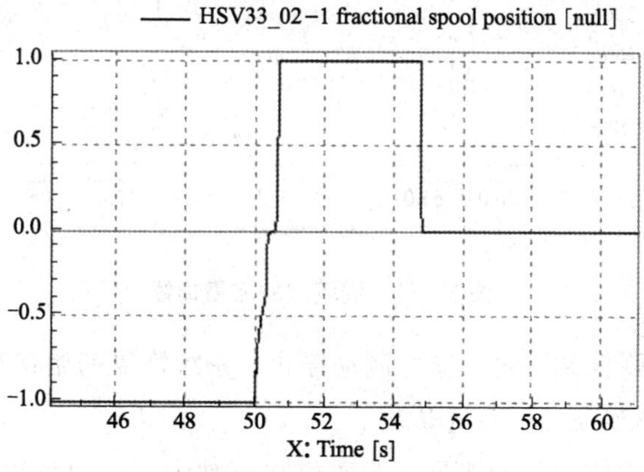

图2－44　主控制阀的挡位控制曲线

液压马达制动腔的压力变化如图 2 -45 所示。

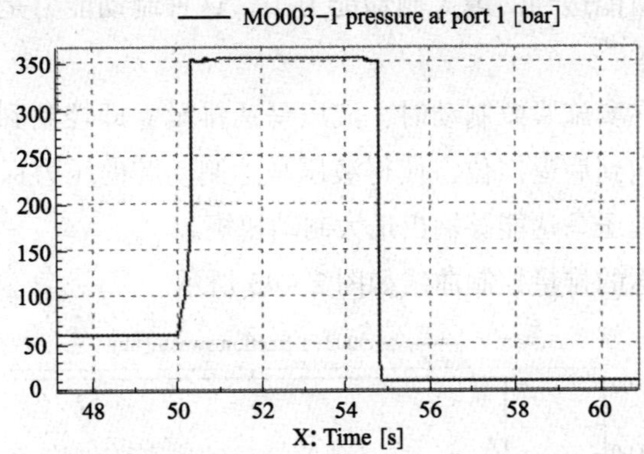

图 2 -45　液压马达制动腔的压力变化

紧急制动时，液压马达在外负载的反拖作用下相当于液压泵，此时液压马达和液压泵的输出流量几乎全部由溢流阀溢流。溢流阀的流量曲线如图 2 -46 所示。

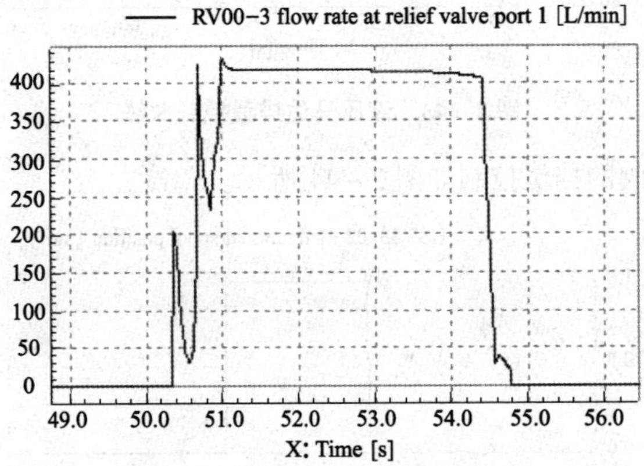

图 2 -46　溢流阀的流量曲线

当车速降低到零时，紧急制动停止，系统恢复初始状态。

4. 定速巡航功能仿真试验

起重机定速巡航功能是指起重机在行驶中，动力系统能够对行驶阻力实行自适应控制，即，当行驶阻力变化时，动力系统能够自动调节以抵消行驶阻力变化的影响，从而实现行驶速度基本恒定。

行驶阻力的变化体现在液压系统的压力上，从过压力传感器采集液压系统的压力变化，控制器根据液压系统压力和预先设定的巡航速度调节发动机、液压泵和液压马达，其中，对发动机和液压泵的调节主要是进行功率匹配控制，对液压马达的调节主要是进行速度控制。对发动机的转速控制可以分为最低油耗控制和最大功率控制，根据定速巡航的需要，可以将发动机转速控制在最低油耗转速，实现起重机的经济模式定速巡航，也可以将发动机转速控制在最大功率转速，实现起重机的动力模式定速巡航。

对液压泵的排量控制主要是全部吸收发动机功率，实现液压泵与发动机之间的功率匹配。

对发动机的转速控制和对液压泵的排量控制都是现有的成熟技术，在国内很多工程车辆上已经有成熟应用，本书不再重复研究。本书的研究重点在于液压马达的排量控制，即，通过液压马达的排量控制，实现车速对行驶阻力的自适应。

为了模拟行驶阻力的变化，本书的仿真模型在车轮上施加了一个交变阻力，其幅值为5 kN，曲线如图2-47所示。

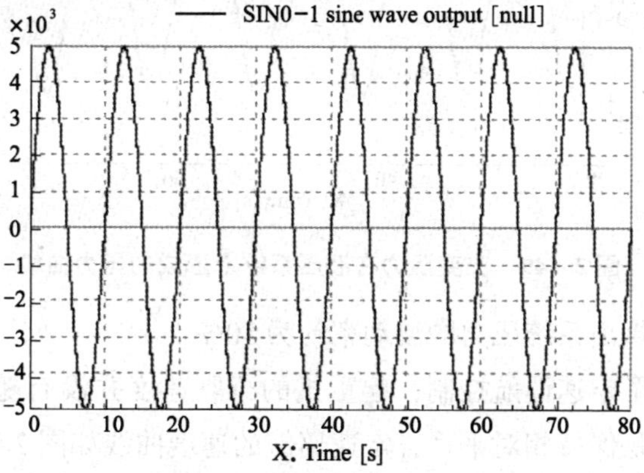

图2-47 车轮上施加的交变阻力

该交变阻力在液压马达上形成的交变扭矩如图 2-48 所示。

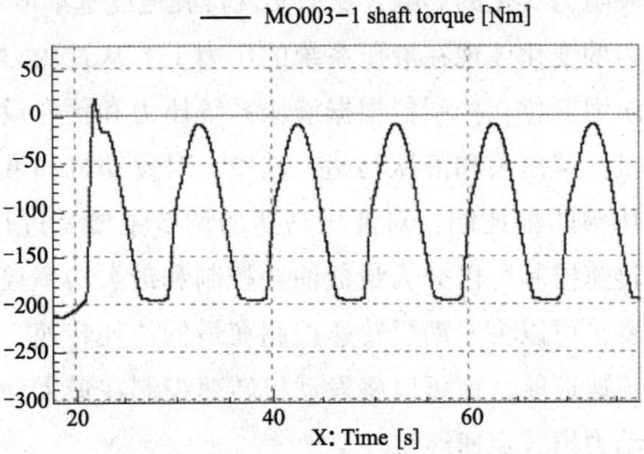

图 2-48　液压马达上形成的交变扭矩

可以计算出扭矩的波动率约为 50%。

该交变阻力施加在液压系统上的压力曲线如图 2-49 所示。

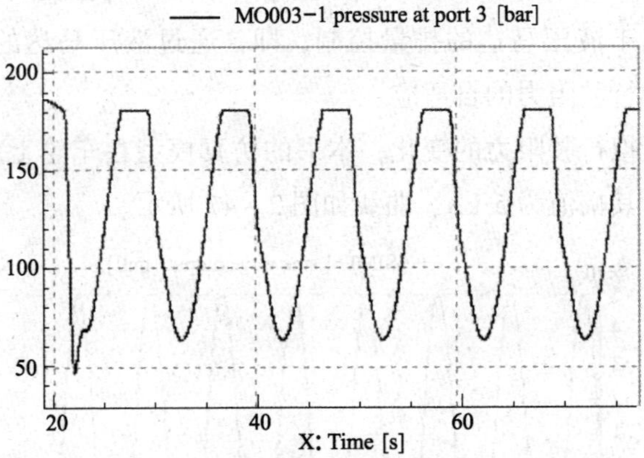

图 2-49　交变阻力在液压系统上形成的压力曲线

可以计算出系统压力的波动率约为 50%。

由于有了定速巡航控制，起重机的行驶速度并没有随行驶阻力大幅波动，而是保持相对平稳，定速巡航的速度曲线如图 2-50 所示。

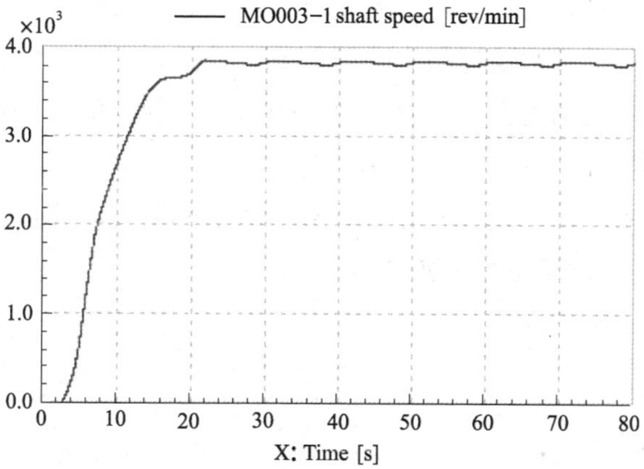

图 2-50　定速巡航的速度曲线

可以计算出起重机的速度波动率为 0.48%，约为行驶阻力波动率的 1%，1% 的速度波动只有用速度传感器才能测出，驾驶员几乎感觉不到速度波动。

综上所述，在起重机液压行驶驱动系统和电气控制系统的基础上设计了自动挡系统，自动挡系统的主要功能包括速度控制、制动控制、紧急制动和定速巡航。其中，速度控制是起重机自动挡系统的基本功能，本书通过设计实现了油门踏板对起重机行驶速度的完全控制；制动控制是为了实现起重机的柔和制动，防止制动过程中液压系统中压力过高和过低对液压元件造成损坏；紧急制动是为了在紧急情况下发挥系统的最大制动能力，本书通过设计实现了最大扭矩和最短时间的制动；定速巡航是为了起重机在经济模式或动力模式下的定速自动行驶，通过设计实现了起重机行驶速度对行驶阻力的自适应，使起重机能够在变阻力工况下恒速行驶。

为了对起重机自动挡系统的设计性能进行优化和实验，在 AMESim 平台下对起重机电液驱动系统进行了建模和仿真测试，针对自动挡系统的速度控制、制动控制、紧急制动和定速巡航进行了仿真实验和性能优化，其中，速度控制仿真试验实现了油门踏板对起重机行驶速度的完全控制，且油门踏板与行驶速度具有较好的线性度；制动控制仿真试验消除了系统制动过程中的压力冲击现象和吸空现象，实现了柔和制动；紧急制动仿真试验发挥了系统的最大制动能力，制动时间不超过 5 s；定速巡航仿真试验实现了起重机在经济模式或动力模式下的恒速自动行驶，且行驶阻力波动在 50% 的情况下行驶速度波动不超过 0.5%，实现了起重机的恒速自动行驶。

第三章　工程车辆能量回收技术

3.1 工程车辆节能技术概述

3.1.1 国内外对工程车辆节能技术研究的现状

国外工程车辆节能技术主要集中于大型工程车辆制造企业，如美国的卡特彼勒公司和特雷克斯公司，日本的小松制作所和日立建机，德国的博世力士乐、利勃海尔等。其中，德国博世力士乐公司在工程车辆液压系统节能方面占据领先地位，力士乐液压泵具有恒功率控制、总功率控制、正控制、负控制、恒压控制、DA 控制、EP 控制、HD 控制等多种控制方式，其液压多路阀具有负载敏感（LS）控制、与负载无关的流量分配（LUDV）控制等控制方式，其液压马达具有负载自适应控制等节能控制技术。为了协调液压泵与发动机的功率匹配，力士乐推出了以发动机和液压系统为控制对象的机电液一体化的节能控制技术——功率极限载荷控制（LLC）技术，使其节能研究超越了液压元件和液压系统，实现了从功率供给到功率传输的全过程功率管理。

另外，以日立建机等企业为代表的日本挖掘机生产厂家开发了覆盖发动机和液压泵的节能控制系统，通过检测发动机实时转速并与预定转速进行比较，如果转速差超过预先设定的最大值，则认为出现了发动机和液压泵的功率不匹配，控制器对液压泵排量进行越权控制，使发动机转速重新回到设定转速附近的一个小范围内。

国内的工程车辆节能技术主要集中于大学和研究机构，如浙江大学、吉林大学、同济大学等，三一重工针对其生产的工程车辆进行了节能技术研究和试验，取得了一定成果。其中，浙江大学以冯培恩教授为代表的研究团队以国家重点实验室为依托，针对工程车辆液压系统和混合动力系统进行了长时间的研究，培养了大批博士和硕士，成果显著。吉林大学赵丁选教授、同济大学黄宗益教授针对挖掘机液压系统和动力系统进行了电子节能技术的研究，发表了大量专业文献。三一重工对液压挖掘机、液压平地机、混凝土泵车和沥青摊铺机等全液压工程车辆的节能技术进行了长时间的研究和试验，取得了大量的专利技术，成果显著。

3.1.2 目前对工程车辆节能技术研究的不足

目前，国内外对工程车辆节能技术研究的对象包括液压元件、发动机、液压系统、发动机和液压泵、发动机和液压系统，由于研究对象范围的限制，其节能控制技术具有一定的局限性，主要表现在：其节能最优控制仅为局部最优，不是全局最优；片面追求节能效果，而忽视了工程车辆的动力性；只关注功率的传递效率，而忽略了功率的最终作业效率。

工程车辆的作业性能不断提高、能耗水平不断降低、操作舒适性不断提高。局部的节能控制已不能满足用户的要求，工程车辆节能技术的全局化程度将不断增加；只为节能而节能，忽略工程车辆的动力性的做法与用户的需求背道而驰，应将工程车辆的动力性和经济性统一起来研究，在确保作业性能不降低的前提下进行节能控制；功率的最终作用是完成作业任务，所以，节能研究不应该只关注功率传递，还应该关注不同功率流协同作业时的最终作业效果。

针对工程车辆节能技术的不足和发展趋势，目前工程车辆节能研究主要集中在全局节能、广义节能和最终效果节能方面。扩大节能研究的范围，将发动机、液压系统、控制系统、作业机构等纳入节能控制范围来统筹控制；根据工况进行动力控制和节能控制，使工程车辆的动力性能和经济性能统一起来；将不同功率流的协同作业效果作为反馈信息构成闭环控制系统，在节能的同时提高工程车辆的作业效率。

工程车辆的工作过程，从能量的角度看，是能量的转换、传递和对外做功的过程。对工程车辆的节能研究离不开对其功率流程的分析，图 3－1 所示为典型工程车辆的功率流程。

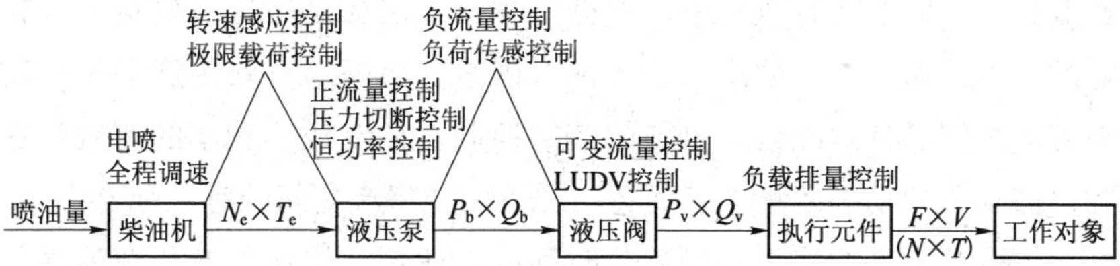

图 3－1　工程车辆典型功率流程

对于以柴油机为动力的工程车辆，所有的动力来源于柴油的化学能，柴油机将燃油的化学能转化输出为机械能：转速和转矩，目前采取全程调速或电控喷油等控制技术改善柴油机的动力特性和能耗特性；液压泵吸收柴油机的机械能并转化为液压能：压力和流量，目前一般采取恒功率控制、压力切断、正流量控制等改善泵的动力特性和能耗特性；柴油机和液压泵是能量的供方和需方的关系，为了改善供求关系，一般对发动机和液压泵采取转速感应控制或功率极限载荷控制等，以改善二者联合工作时的动力特性和能耗特性；液压阀吸收液压泵输出的液压能，经过调节液压系统的压力、流量和方向后输出压力和流量给相应的执行机构，一般采取可变流量控制以使多执行机构协同动作，或采取 LUDV 技术以克服并联回路中负载差异对流量分配的干扰；在阀控系统中，液压阀受操作者控制，液压阀的状态一般可以代表操作意图和流量需求，所以，液压泵和液压阀的关系是流量的供方和需方的关系，为了匹配供求关系，一般采用负流量控制或负荷传感控制；液压阀输出的液压能被油缸或马达吸收，并输出机械能：力和位移或转速和转矩，执行元件输出的机械能部分或全部对外负载做功，执行元件对外负载的有效做功构成其有效功率。

由以上对工程车辆功率流的执行层和控制层的分析可见，目前的元件效率控制技术、部件功率控制技术和子系统功率控制技术都只能做到局部最优控制，而未能从整机作业系统的高度进行节能分析和控制。由前文分析可见，所有的能量转换和传递的最终目的是对外负载有效做功，即输出有效功率。根据工程车辆往往是多执行机构协同作业的特点，输出有效功率取决于两个因素：功率的有效传递和不同功率支流之间的有效配合。目前的节能控制往往专注于功率的有效传递和供需双方的动态匹配上，而忽略了不同功率流之间的有效配合。

作业效率是指工程车辆单位时间的作业量。作业效率与节能往往是矛盾的，提高一方性能往往会使另一方的性能降低。只有在相同作业效率下的能耗数据才具有可比性。

由上述分析可知，节能不仅取决于功率传递的效率和功率供需双方的动态匹配，还取决于不同功率流之间的有效配合，并与作业效率有关。

3.1.3　广义节能与全局节能

广义节能的概念包含了这四点要求：效率、动态匹配、不同功率流之间的有效配合和作业效率。为了实现广义节能意义下的节能控制，需要以作业系统（整机和负载）作为研究对象，将传统节能控制技术、多执行机构的协同控制和作业效率三者统一在一个共同的节能目标下，实现广义节能意义下的最优节能控制。

为了定量分析节能效果，可以定义如下全局节能指标：

$$\text{全局节能指标}=\frac{\text{对外有效功率}}{\text{油耗}\times\text{作业时间}}=\frac{\text{有效功率}}{\text{油耗}}$$

全局节能指标是在单位时间内、单位油耗下机械对外输出的有效做功，是有效功率与油耗的比值，考虑了作业效率、多执行机构协同作业和传统节能控制三方面的内容，该指标能够全面评价和比较工程车辆的节能特性。

以全局节能指标为总目标，可以建立多层次、全方位的工程车辆节能控制体系，如图 3－2 所示。

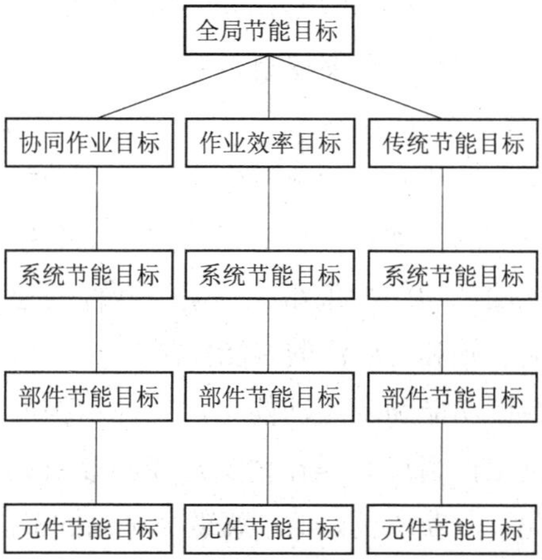

图 3－2　工程车辆全局节能控制体系

图 3－2 中，全局节能控制目标可以分解为作业效率目标、协同作业目标和传统节能目标三个维度，每个维度又可以分解为系统级节能目标、部件级节能目标和元件级节能目标。这样构建的节能体系有如下优点：各个层次、各个部件的节能控制目标一致；以全局为控制对象，能够实现全局最优控制；节能目标是作业快速性和经济性的统一；节能评价更合理，节能效果具有可比性。

3.1.4　基于全电控系统的柔性匹配节能控制技术

传统的节能控制已经在局部最优意义下取得了一定的成果，只有突破传统的节能控制范畴才能取得更大的节能成果。可以在以下几方面突破传统的节能技术体系：

（1）突破固定参数的功率匹配，实现分工况的柔性参数动态功率匹配。

（2）采用作业模式识别技术，建立基于作业模式的动态功率分配系统。

（3）识别驾驶员的操作意图，建立基于操作模式的作业效率管理系统。

为了实现上述技术突破，需要建立全电控的执行层和分布式的控制层，构建全新的工程车辆功率控制体系。

1. 全电控的功率系统

采用电控喷油柴油机和电比例液压泵、电比例控制阀、电比例液压马达，构建全电控的传动系统，由于采用了全电控的功率传递和转换元件，可以实现硬件功能的最小化，增加硬件的通用化程度，这样可以实现更深入的感知和更广泛的智能控制。

由于系统的控制功能和专用功能是由软件承担的，所以可以在机械工作过程中根据工作情况和操作情况对控制参数进行在线调节，实现参数匹配柔性化，以获取更好的广义的、全局的节能效果。

2. 基于总线的分布式控制系统

建立全电控的功率系统，特别是全电控的液压系统后，控制程序需要对液压系统的压力信号进行处理，这对控制系统的响应速度提出了非常高的要求，以目前工程车辆控制器的技术条件，尚无法满足对压力信号及时处理的要求。

基于总线的分布式控制系统的结构如图 3 – 3 所示。图 3 – 3 中，发动机控制器根据发动机的运行状态数据和用户指令控制发动机喷油，并将相关数据发动到总线，从总线上接收其他控制器的控制指令；液压泵控制器根据泵出口的压力信号对其排量信号进行调节，并将相关数据发送到总线，从总线上接收其他控制器的控制指令；液压阀控制器接受操作人员的操作指令，据此对液压阀进行控制，并将相关数据发送到总线，从总线上接收其他控制器的控制指令。

如前所述，可以开发专门的基于总线的液压泵控制器、液压阀控制器和发动机控制器，各个控制器与高速总线连接，建立基于总线的分布式控制系统。

由以上分析可见，传统的节能控制具有多种缺陷，突破传统节能控制的技术体系的有效途径是建立全电控的功率系统和基于总线的分布式控制系统，该技术可以实现分工况的柔性参数动态功率匹配，

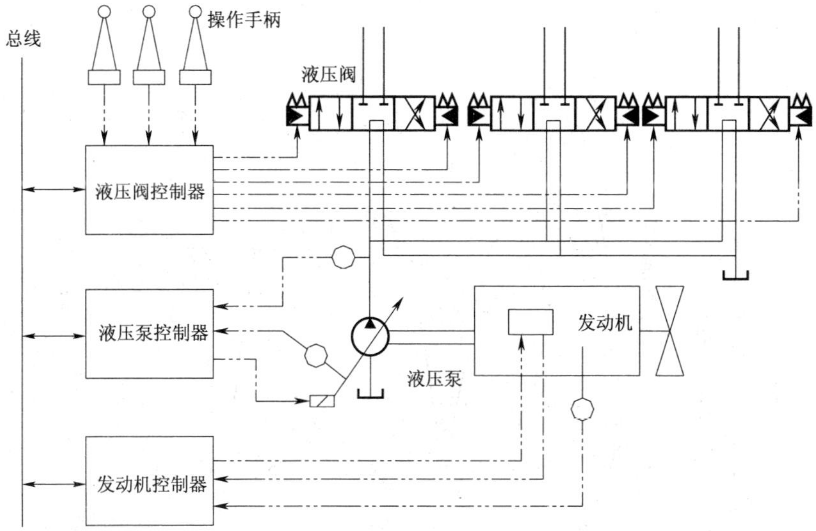

图 3-3　基于总线的分布式控制系统结构

建立基于作业模式的动态功率分配系统和基于操作模式的作业效率管理系统，为工程车辆节能开辟了巨大的技术空间，引导现代工程车辆节能技术的发展方向。

3.2　工程车辆行走系统能量回收技术分析

本节以装载机典型工况与行走制动能量回收技术的分析为例进行介绍。

装载机是集铲、装、运、卸作业于一体的自行式机械，常与自卸运输车配合进行装卸作业，整个的作业循环（图 3-4）包括：① 空载前进作业段：以低速、直线驶向料堆，接近料堆时放下动臂、转斗，插入料堆。② 铲装作业段：铲斗以全力插入料堆把铲斗上翻至运输位置。③ 满载后退、卸料作业段：铲斗装满物料后倒退，然后转向驶向运输车辆，同时提升动臂至卸载高度卸料。④ 空载倒车作业段：卸料完毕退回，同时动臂下降至运输位置。

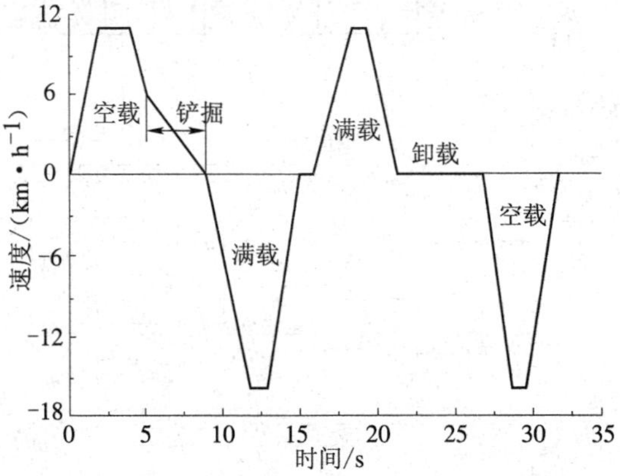

图 3-4　装载机的工作循环

装载机在铲土运输和卸土作业过程中，需要频繁的起动、加速、制动和换向。在循环作业过程中，装载机起动和加速过程需要动力驱动，发动机需要输出较大的扭矩和功率，油耗较大；当装载机加速完成后，需要立刻制动，此时装载机的动能将由制动器消耗，大量的机械能转化为热量，浪费很大。这种频繁的起动、加速、制动、换向的工作过程，不但导致油耗增加、发热量大，还会导致发动机噪声高、摩擦片磨损严重，增加了机器对环境的污染和维修维护费用。

在装载机工作过程中，理论上可以回收的能量包括行驶制动能量、下坡制动能量和工作装置的重力势能。其中，重力势能所占比重很小，且回收难度很大；下坡制动能量的大小取决于工作场地的坡道情况，并不是确定的能量；只有行驶制动能量所占比重很大、能量确定且在技术上相对容易实现，最适合回收。如图 3-5 所示，图中 E_r 表示可回收的制动能量，E_h 表示可回收的重力势能，E_{hv} 表示可回收的坡道势能。

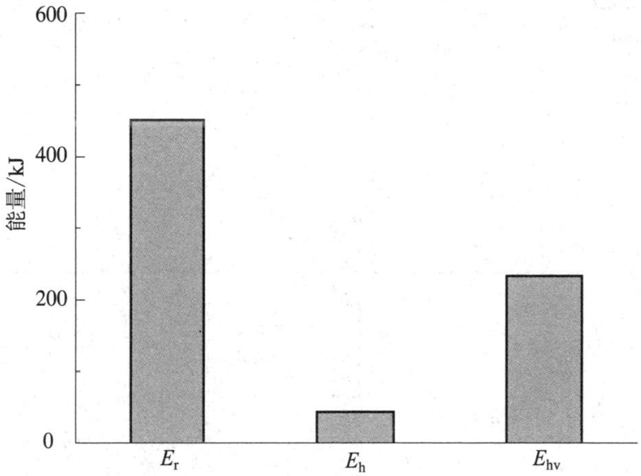

图 3-5　典型工况下的可回收能量对比

在装载机的工作循环中，起步和加速所需要的能量与发动机油耗是必需的，这些油耗通过驱动装载机加速，转化为装载机的速度动能。问题在于，这些速度动能在减速过程中几乎全部发热了。不但发热的能量全部浪费掉了，装载机的油温、水温过高时，还需要另外的一部分能量去散热，进一步浪费能量。能量回收技术就是针对这部分浪费的能量而设计的。通过对装载机高速制动过程中的部分速度动能进行存储，等下一次装载机起步和加速时再释放出去，辅助发动机驱动装载机，从而完成装载机制动能量的回收和再利用，实现节能。

3.3　装载机行走系统能量回收系统设计

装载机并联液压混合动力系统总体设计：并联式液压混合动力装载机的驱动系统主要由柴油机、液力变矩器、变速箱、液压泵/马达、液压蓄能器、动臂油缸、扭矩耦合器、翻斗油缸等构成，如图 3-6 所示。

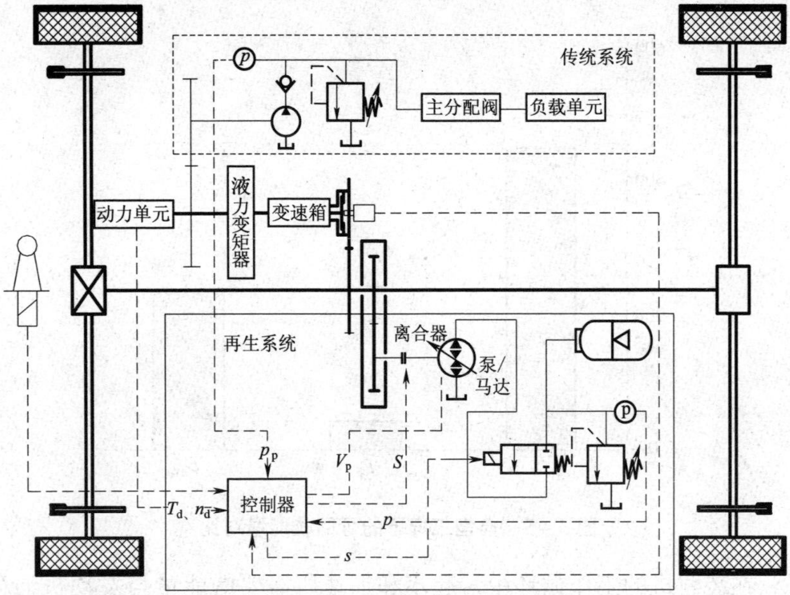

图 3-6　并联式液压混合动力装载机原理

柴油机的动力有两部分流向：一部分通过液力变矩器和变速器驱动行驶机构，实现装载机行驶；另一部分通过油泵驱动油缸，实现转向和装载工作。液压泵/马达、液压蓄能器等构成液压再生系统，与柴油机一起构成双动力源驱动。当装载机制动时，离合器断开，液压泵/马达工作于“泵”工况，提供再生制动转矩，同时吸收制动能，并存储于蓄能器中；当装载机起动时，液压泵/马达则工作于“马达”工况，释放液压能为装载机提供辅助功率，实现余能的再次利用；当装载机铲掘时，液压泵/马达工作于“马达”工况，提供辅助牵引功率，避免发动机掉转现象，使其工作于最佳燃油经济区。

该方案虽然解决了车辆行走制动能量回收和再利用的问题，但是当这个能量回收和辅助驱动系统出现故障时，比如电磁铁断电、液压阀卡滞、泵马达不能变量、蓄能器无压力等，这些故障中的任何一个都会影响整车，导致整车不能行驶和工作。传统方案缺少一个故障应急的解决方案。

3.3.1　采用两个蓄能器的能量回收系统

为了适应不同的制动工况，有文献提出采用两个蓄能器，一大一小，能够适应三种工况，当小蓄能器单独工作时，适应小的制动能量工况。此时，电磁开关阀 A 通电，电磁开关阀 B 不通电，所以，只有电磁开关阀 A 连接的蓄能器和溢流阀起作用，而电磁开关阀 B 连接的蓄能器和溢流阀不起作用。

当大蓄能器单独工作时，适应中等制动能量工况，此时，电磁开关阀 B 通电，电磁开关阀 A 不通电，所以，只有电磁开关阀 B 连接的蓄能器和溢流阀起作用，而电磁开关阀 A 连接的蓄能器和溢流阀不起作用。

当两个蓄能器同时工作时，适应大制动能量工况。此时，电磁开关阀 A、B 都通电，所以，电磁开关阀 A 连接的蓄能器和电磁开关阀 B 连接的蓄能器与溢流阀都起作用。

在泵马达的出口处并联连接两个电磁开关阀，每个电磁开关阀的出口分别连接一个蓄能器和一个溢流阀，每个溢流阀的出口都与油箱连接，如图 3 –7 所示。

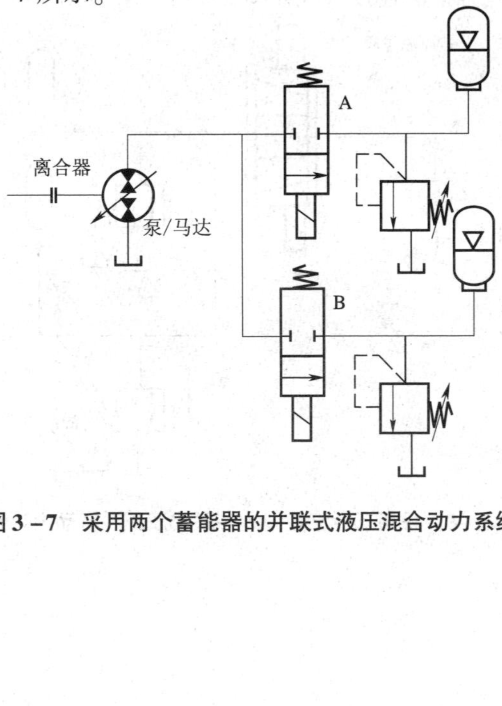

图 3 –7　采用两个蓄能器的并联式液压混合动力系统

3.3.2 采用三通流量阀的能量回收系统

采用两个蓄能器的方案虽然解决了不同制动工况不要不同容积的蓄能器的问题，但是在车辆起动和制动的平稳性与柔顺性方面的性能不好，主要原因是控制阀 A、B 是开关阀，只有开和关两种状态，当控制阀 A、B 打开或关闭时，泵马达的扭矩有一个明显的冲击，影响车辆的平稳性和柔顺性。

针对上述采用两个蓄能器进行了能量回收的系统，本书在此基础上进一步进行了改进，提出了一种全新的流量控制方式——三通流量阀。三通流量阀的优点有：

(1) 通过三通流量阀的流量可以比例控制。相比于现有方案的开关控制方式，比例控制的流量可以消除泵马达上扭矩的突变，从而使得车辆在行驶和制动过程中更加平稳、更加柔顺，车辆具有更好的操控性能。

(2) 三通流量阀集成度更高。原方案中的两个开关阀集成为一个三通流量阀，减少了故障点，降低了成本。

三通流量阀方案的连接方式如图 3－8 所示。

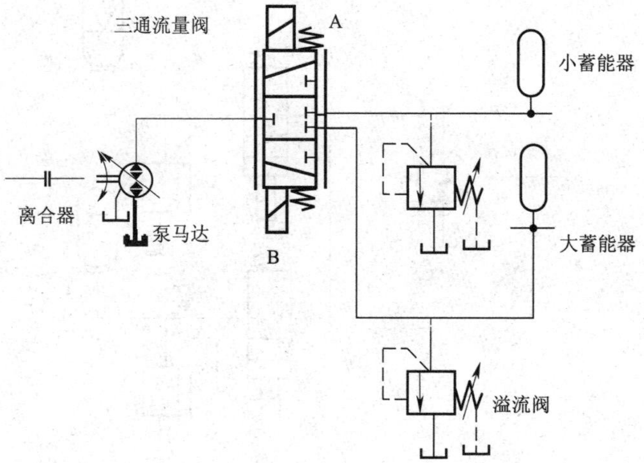

图 3－8　采用三通流量阀的并联式液压混合动力系统

泵马达通过离合器与车辆的行走系统连接，泵马达分别连接三通流量阀的入口和油箱，三通流量阀的两个出口分别连接两个蓄能器和两个溢流阀。

本系统的工作原理如下：

当三通流量阀的电磁铁A得电时，小蓄能器与泵马达连接，单独工作，适应小的制动能量工况。此时，三通流量阀的电磁铁A通电，电磁铁B不通电，此时，只有小蓄能器起作用，通过调节电磁铁A的电流，就可以改变泵马达的扭矩，从而控制车辆的起动制动过程的平稳性和柔顺性。

当三通流量阀的电磁铁B得电时，大蓄能器与泵马达连接，单独工作，适应中等制动能量工况，此时，三通流量阀的电磁铁B通电，电磁铁A不通电，所以，只有大蓄能器起作用，通过调节电磁铁B的电流，就可以改变泵马达的扭矩，从而控制车辆的起动制动过程的平稳性和柔顺性。

本系统的控制方法如下：

控制器的输入信号包括：油门踏板的角度信号、制动踏板的角度信号、发动机的转速信号、蓄能器的压力信号等。控制器的输出信号包括：电磁铁A的电流信号、电磁铁B的电流信号、泵马达电磁铁的电流信号。控制系统的连接方式如图3－9所示。

图3－9　采用三通流量阀的控制系统

$$泵马达控制电流=(a\times 油门踏板角度+b\times 制动踏板角度+c\times 发动机转速+d\times 蓄能器压力)\times e$$

式中：a，b，c，d，e 均为经验系数。

电磁铁 A 控制电流 =（f × 油门踏板角度 + g × 制动踏板角度 + h × 发动机转速 + i × 蓄能器压力）× j

式中：f，g，h，i，j 均为经验系数。

电磁铁 B 控制电流 =（k × 油门踏板角度 + l × 制动踏板角度 + m × 发动机转速 + n × 蓄能器压力）× o

式中：k，l，m，n，o 均为经验系数。

但在后续的研究中发现，该方案虽然解决了车辆行走制动能量回收和再利用的问题，但是只能在车辆的一个行走方向上发挥作用，一般用于前进方向。也就是说，当车辆在前进行驶状态下制动时，制动能量可以回收到蓄能器中存储；当车辆后退起动时，蓄能器中的能量被释放出来参与车辆的驱动。而在另一个方向（后退行驶状态下的制动和前进方向的起动），现有方案不能发挥作用。

3.3.3　双向能量回收和辅助驱动系统

在三通流量阀方案的基础上进一步进行了改进，提出了一种能够双向能量回收和辅助驱动的方案，包括泵马达、三位四通阀、蓄能器、溢流阀和油箱，其中，泵马达可以双向工作，排量可变；泵马达的两个油口连接到三位四通阀的两个油口，三位四通阀的另外两个油口分别与蓄能器和油箱连接；三位四通阀具有三个工作位，当三位四通阀处于中位时，泵马达的两个油口与蓄能器、油箱均不通；当三位四通阀处于上位时，泵马达的一个油口通过三位四通阀与蓄能器连通，泵马达的另一个油口通过三位四通阀与油箱连通；当三位四通阀处于下位时，泵马达的两个油口与蓄能器和油箱的连通关系与上位时的连通关系对换；蓄能器与溢流阀的进口连接，溢流阀的两个出口分别与油箱连接。

改进的工作原理图如图 3－10 所示，工作原理为当车辆匀速前进行驶时，能量回收和辅助驱动系统中的三位四通阀处于中位，此时，泵马达不工作。当车辆在匀速前进状态下开始制动时，三位四通阀的工作位从中位过渡到下位。此时，泵马达在车辆惯性的驱动下开始工作，泵马达的出油口排出的液压油通过三位四通阀进入蓄能器，泵马达的另一个油口通过三位四通阀从油箱中吸油。当蓄能器中的压力达到溢流阀设定的开启压力时，溢流阀打开，限制蓄能器中的压力继续上升。这个过程是前进时的制动能量回收过程。

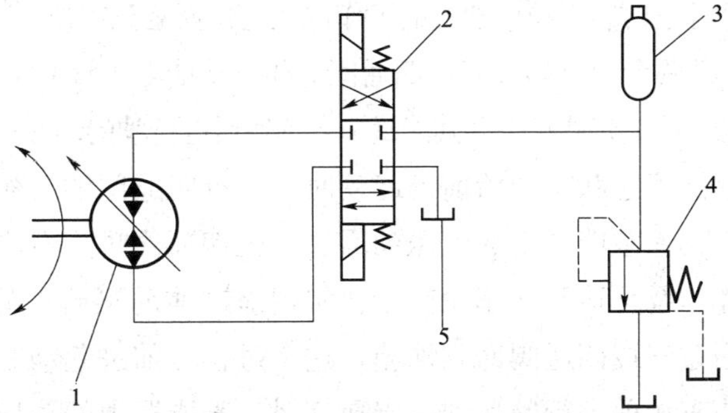

图 3－10　改进的并联式液压系统

1—泵马达；2—电磁换向阀；3—蓄能器；4—溢流阀；5—油箱

当制动停止时，三位四通阀的工作位从下位恢复到中位，此时泵马达停止工作，其两个油口均被三位四通阀关闭。蓄能器中没有液压油进出。此时，蓄能器处于充液状态，其能量来自于车辆前进行驶的动能。

当车辆从静止状态开始后退起动时，三位四通阀的工作状态从中位过渡到下位，蓄能器中的液压油通过三位四通阀进入泵马达，驱动泵马达工作，泵马达驱动车轮转动，实现后退辅助驱动。泵马达排出的液压油通过三位四通阀回到油箱。这个过程是后退起动时的辅助驱动过程。

当车辆后退行驶达到一定速度时，蓄能器中的液压油释放完毕。此时，三位四通阀的工作位从下位恢复到中位，泵马达停止工作。

当车辆在匀速后退状态开始制动时，三位四通阀的工作位从中位过渡到上位。此时，泵马达在车辆惯性的驱动下开始工作，泵马达的出油口排出的液压油通过三位四通阀进入蓄能器，泵马达的另一个油口通过三位四通阀从油箱中吸油。当蓄能器中的压力达到溢流阀设定的开启压力时，溢流阀打开，限制蓄能器中的压力继续上升。这个过程是后退时的制动能量回收过程。

当制动停止时，三位四通阀的工作位从上位恢复到中位，此时泵马达停止工作，其两个油口均被三位四通阀关闭。蓄能器中没有液压油进出。此时，蓄能器处于充液状态，其能量来自车辆后退行驶的动能。

当车辆从静止状态开始前进起动时，三位四通阀的工作状态从中位过渡到上位，蓄能器中的液压油通过三位四通阀进入泵马达，驱动泵马达工作，泵马达驱动车轮转动，实现前进辅助驱动。泵马达排出的液压油通过三位四通阀回到油箱。这个过程是前进起动时的辅助驱动过程。当车辆前进行驶达到一定速度时，蓄能器中的液压油释放完毕。此时，三位四通阀的工作位从上位恢复到中位，泵马达停止工作。

开始设计的方案中，蓄能器在一个工作循环中只工作一次，即一次充液一次放液。改进后的方案中，通过三位四通阀的切换作用，蓄能器在一个工作循环工作两次，即两次充液两次放液。从而能够回收更多的制动能量，节能性更好。

3.3.4 带有拖车功能的能量回收系统

在上述系统的基础上进一步改进，提出了一种全新的设计方案，本方案具有故障应急功能，在能量回收系统出现故障不能工作时，通过应急措施，可以不影响原车的行驶和工作的特点，即一种带有拖车功能的装载机行走制动能量回收和辅助驱动装置，包括泵马达、三位四通阀、蓄能器、溢流阀、油箱和开关阀；所述泵马达可以双向工作，排量可变；泵马达的两个油口连接到三位四通阀的两个油口；三位四通阀的另外两个油口分别与蓄能器和油箱连接，带有拖车功能的能量回收系统如图 3 – 11 所示。

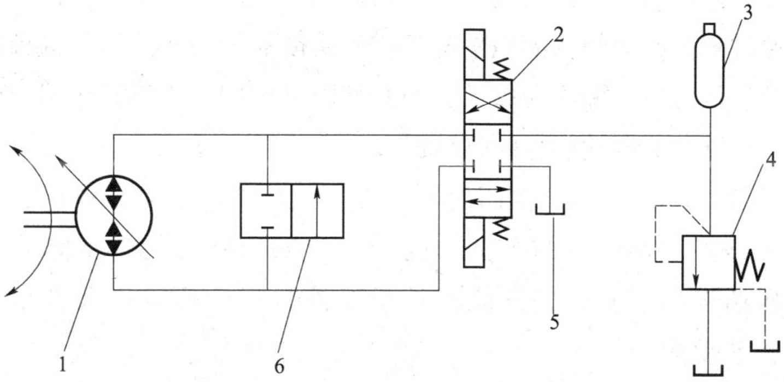

图 3-11 带有拖车功能的能量回收系统

1—泵马达；2—三位四通阀；3—蓄能器；4—溢流阀；5—油箱；6—开关阀

三位四通阀具有三个工作位，当三位四通阀处于中位时，泵马达的两个油口与蓄能器、油箱均不通；当三位四通阀处于上位时，泵马达的一个油口通过三位四通阀与蓄能器连通，泵马达的另一个油口通过三位四通阀与油箱连通；当三位四通阀处于下位时，泵马达的两个油口与蓄能器和油箱的连通关系与上位时对换；蓄能器与溢流阀的进口连接；溢流阀的两个出口均与油箱连接。

开关阀的两个油口分别与泵马达的两个油口连接，开关阀具有两个工作位，开关阀在左位工作时，泵马达的两个油口不能通过开关阀连通；当开关阀在右位工作时，泵马达的两个开口能够通过开关阀连通。

本系统的工作原理如下：

当能量回收系统正常工作时，开关阀处于左位。一个完整的工作循环中，能量回收系统的工作原理如下：当车辆匀速前进行驶时，本方案所述的能量回收和辅助驱动系统中的三位四通阀处于中位，此时，泵马达不工作。

当车辆在匀速前进状态下开始制动时，三位四通阀的工作位从中位过渡到下位，此时，泵马达在车辆惯性的驱动下开始工作，泵马达的出油口排出的液压油通过三位四通阀进入蓄能器，泵马达的另一个油口通过三位四通阀从油箱中吸油。当蓄能器中的压力达到溢流阀设定的开启压力时，溢流阀打开，限制蓄能器中的压力继续上升。这个过程是前进时的制动能量回收过程。

当制动停止时，三位四通阀的工作位从下位恢复到中位，此时泵马达停止工作，其两个油口均被三位四通阀关闭。蓄能器中没有液压油进出。此时，蓄能器处于充液状态，其能量来自车辆前进行驶的动能。

当车辆从静止状态开始后退起动时，三位四通阀的工作状态从中位过渡到下位，蓄能器中的液压油通过三位四通阀进入泵马达，驱动泵马达工作，泵马达驱动车轮转动，实现后退辅助驱动。泵马达排出的液压油通过三位四通阀回到油箱。这个过程是后退起动时的辅助驱动过程。

当车辆后退行驶达到一定速度时，蓄能器中的液压油释放完毕。此时，三位四通阀的工作位从下位恢复到中位，泵马达停止工作。

当车辆在匀速后退状态开始制动时，三位四通阀的工作位从中位过渡到上位。此时，泵马达在车辆惯性的驱动下开始工作，泵马达的出油口排出的液压油通过三位四通阀进入蓄能器，泵马达的另一个油口通过三位四通阀从油箱中吸油。当蓄能器中的压力达到溢流阀设定的开启压力时，溢流阀打开，限制蓄能器中的压力继续上升。这个过程是后退时的制动能量回收过程。

当制动停止时，三位四通阀的工作位从上位恢复到中位，此时泵马达停止工作，其两个油口均被三位四通阀关闭。蓄能器中没有液压油进出。此时，蓄能器处于充液状态，其能量来自车辆后退行驶的动能。

当车辆从静止状态开始前进起动时，三位四通阀的工作状态从中位过渡到上位，蓄能器中的液压油通过三位四通阀进入泵马达，驱动泵马达工作，泵马达驱动车轮转动，实现前进辅助驱动。泵马达排出的液压油通过三位四通阀回到油箱。这个过程是前进起动时的辅助驱动过程。

当车辆前进行驶达到一定速度时，蓄能器中的液压油释放完毕。此时，三位四通阀的工作位从上位恢复到中位，泵马达停止工作。

以上是正常工作时的一个完整的工作循环。

当能量回收系统出现故障时，通过手动、电磁或其他方式，让开关阀工作在右位。此时，泵马达的两个油口通过开关阀直接连通。泵马达无论正转还是反转，都是在空转。此时，车辆仍然可以正常行驶和工作。

前面三种能量回收系统没有故障应急措施，当能量回收系统出现故障时，会导致整车不能工作。本系统在泵马达的两个油口之间增加开关阀，能够在应急状态下屏蔽能量回收系统，整车可以继续行驶和工作，本系统增加的应急措施，结构简单可靠，成本低。

3.4 装载机行走系统能量回收技术仿真试验

针对装载机并联制动能量回收控制系统，在 AMESIM 平台下对该系统进行建模和仿真，建模对象包括装载机整车转动惯量质量系统、液压泵马达到车轮的减速机、液压系统、传感器与控制器、操控系统和软件算法等。

3.4.1 系统的机械－电气－液压的联合仿真

系统的机械－电气－液压控制系统的联合仿真模型如图 3－12 所示。其中，圆柱部分为机械系统及其传感器，右边部分为液压系统及其传感器，左边部分为控制器、操纵元件、软件算法等。本仿真平台与实物系统具有高度的对应性，包括元件及参数的对应、连接关系和信息传递关系的对应等。

在系统建模过程中，主要考虑与装载机制动能量回收和辅助驱动相关的因素，包括蓄能器的容量和初始压力、溢流阀的开启压力、开关阀的通流能力、三位四通阀的通流能力和中位机能、液压马达

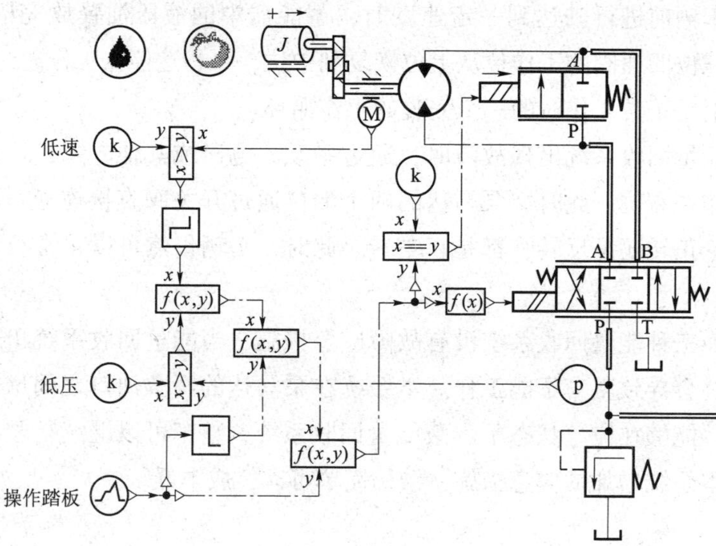

图 3 – 12　联合仿真平台

的排量、减速机的减速比、整车对应到车轮上的转动惯量、系统的摩擦力矩等。对于与装载机制动能量回收和副主驱动关系不大的次要因素，则不在本仿真平台上重点考虑。这些次要因素包括：机械系统的摩擦效率、减速机的转动惯量、液压系统的容性和感性、液压系统的泄漏特性、液压系统中液压油的黏温特性、电磁铁的温飘特性等。

装载机并联制动能量回收控制系统的仿真结果如下：

（1）蓄能器的压力 – 流量特性，如图 3 – 13、图 3 – 14 所示。

（2）主控制阀的压力、流量特性，如图 3 – 15 ~ 图 3 – 20 所示。

（3）开关阀的压力、流量特性，如图 3 – 21、图 3 – 22 所示。

（4）泵马达的压力、流量、转速、扭矩特性，如图 3 – 23 ~ 图 3 – 26 所示。

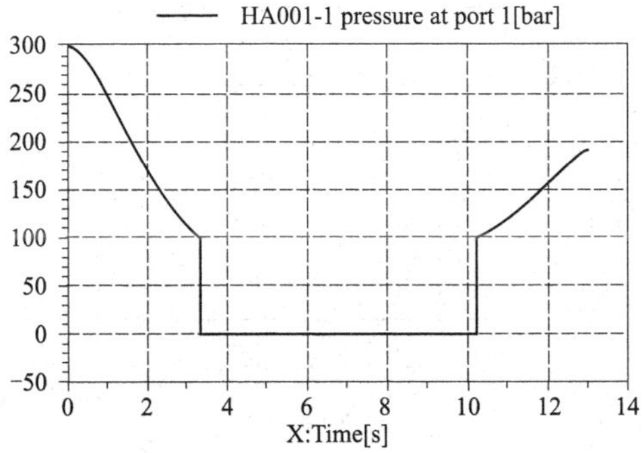

图 3－13　蓄能器压力特性

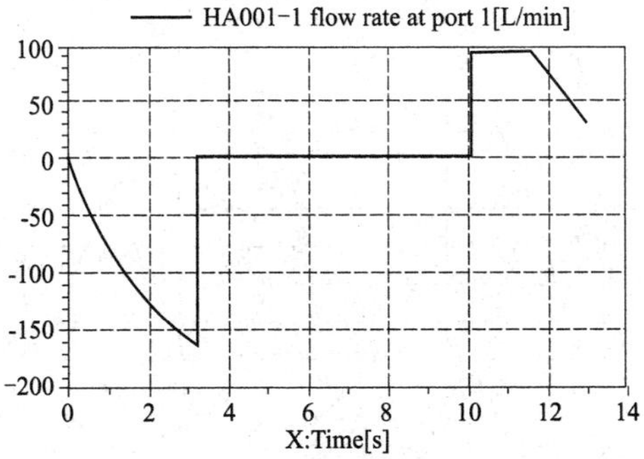

图 3－14　蓄能器流量特性

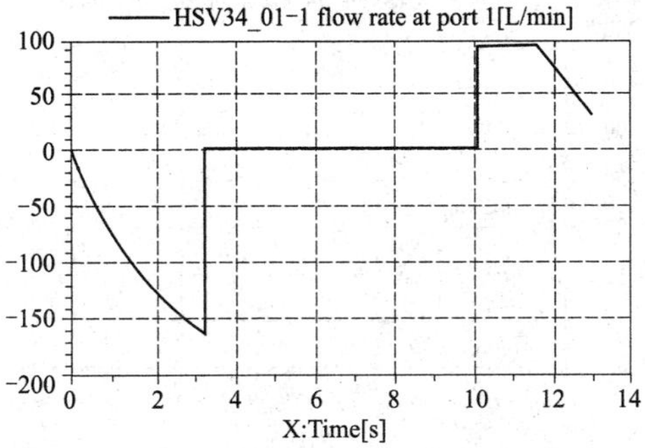

图 3－15　主控制阀 P 口流量特性

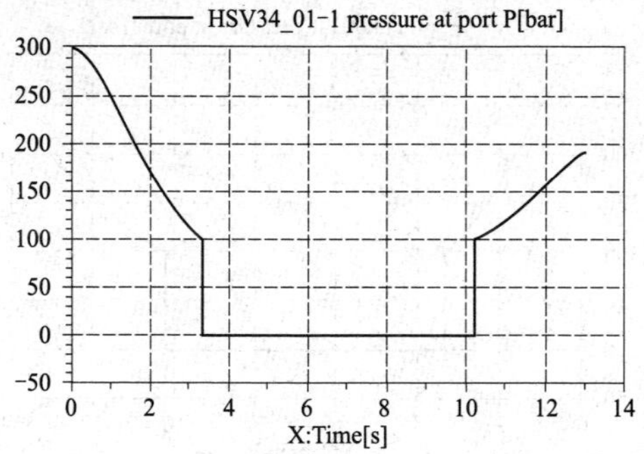

图 3－16　主控制阀 P 口压力特性

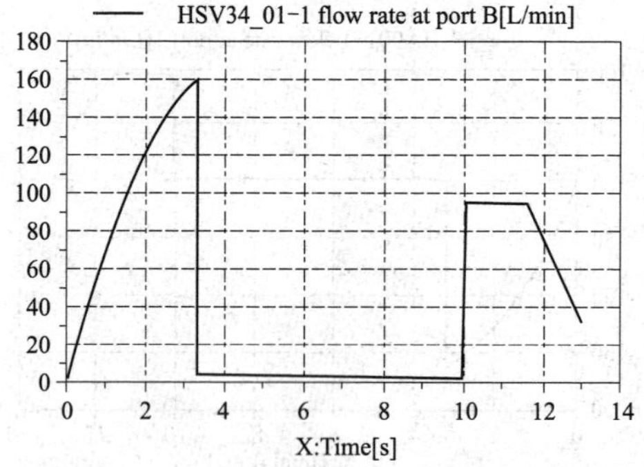

图 3－17　主控制阀 B 口流量特性

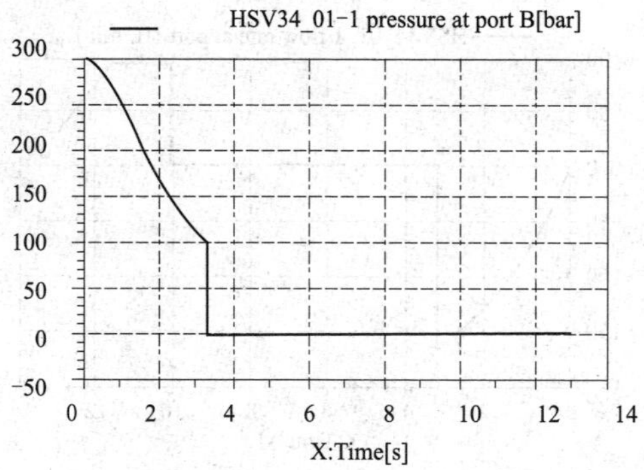

图 3－18　主控制阀 B 口压力特性

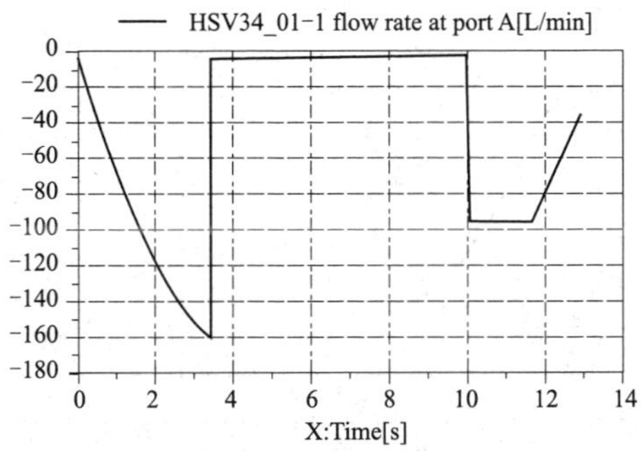

图 3-19 主控制阀 A 口流量特性

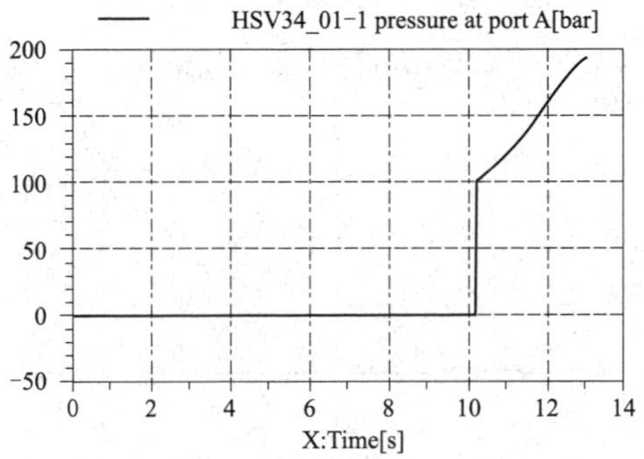

图 3-20 主控制阀 A 口压力特性

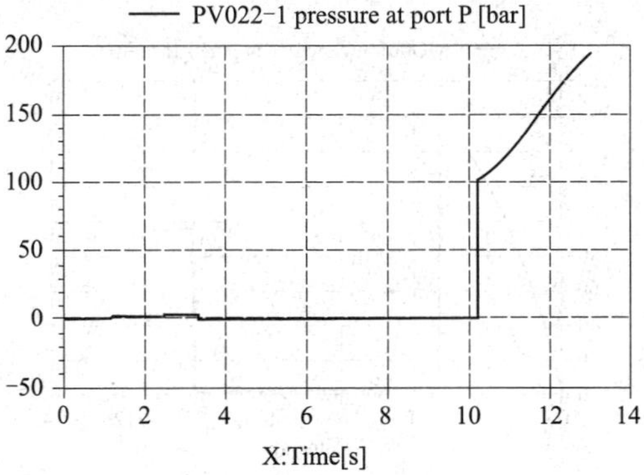

图 3-21 开关阀 P 口压力特性

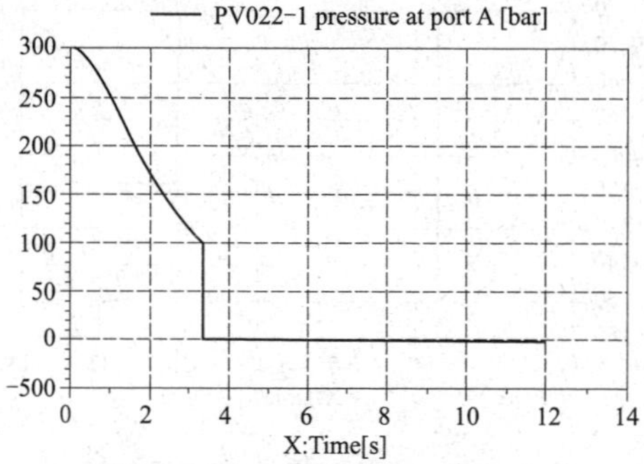

图 3 – 22　开关阀 A 口压力特性

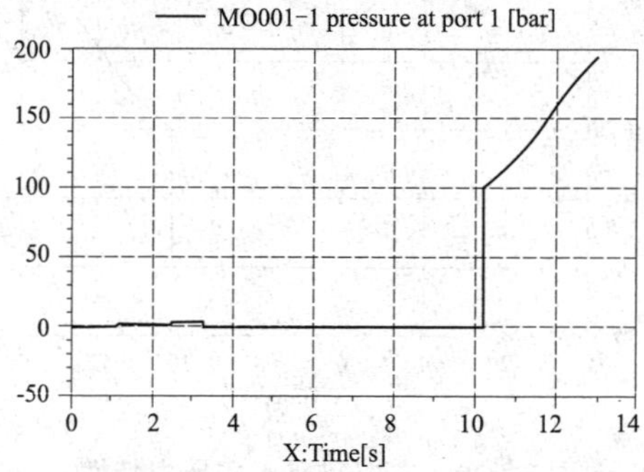

图 3 – 23　泵马达压力特性

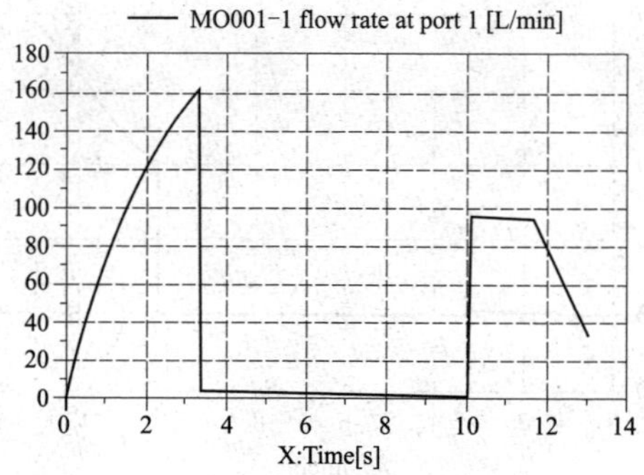

图 3 – 24　泵马达流量特性

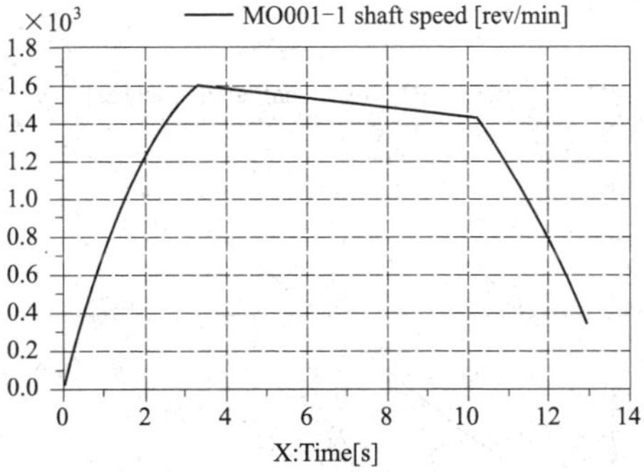

图 3－25　泵马达转速特性

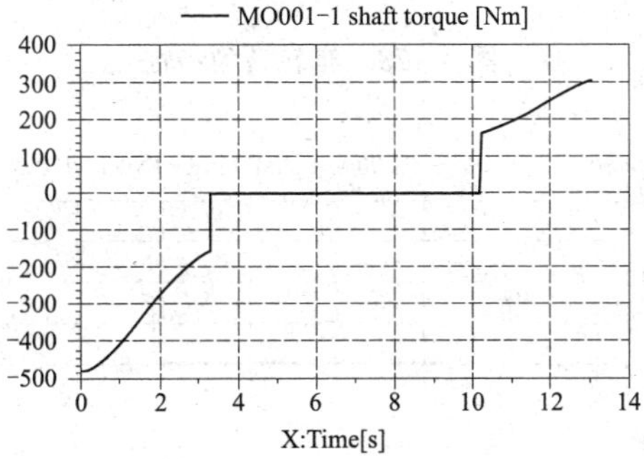

图 3－26　泵马达扭矩特性

（5）车轮的转速、转角、扭矩特性，如图 3－27～图 3－29 所示。

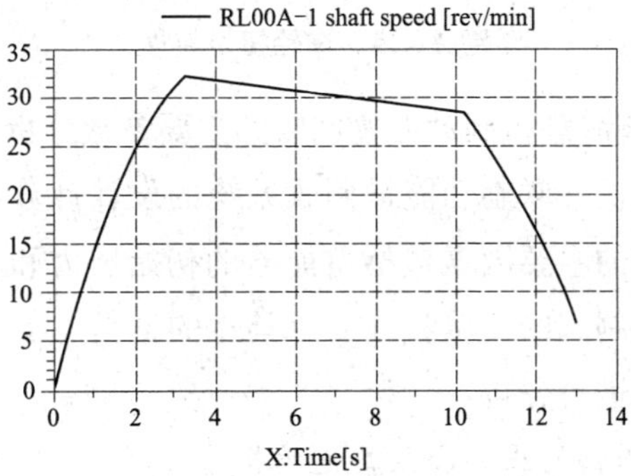

图 3－27　车轮转速特性

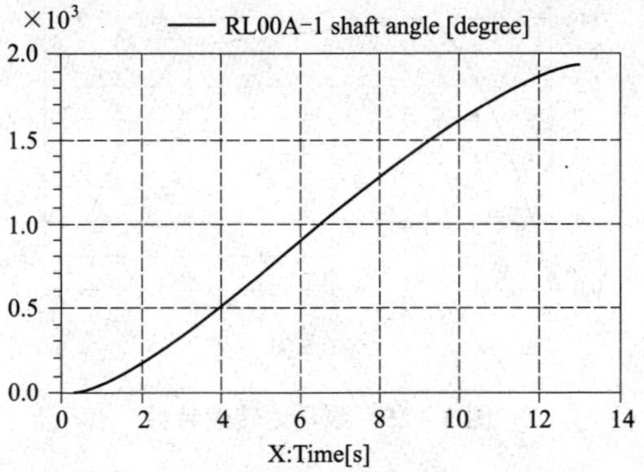

图 3－28　车轮转角特性

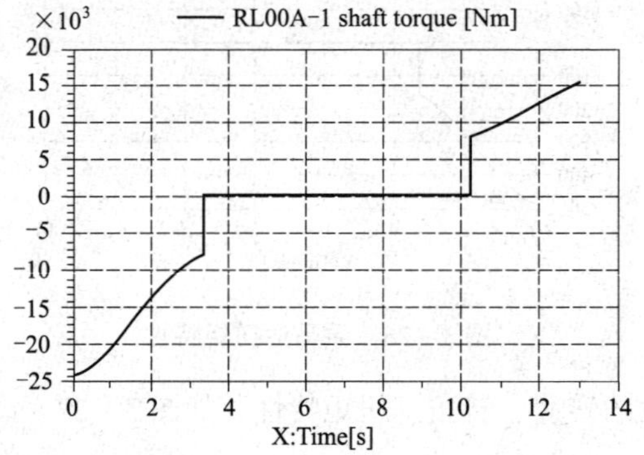

图 3－29　车轮扭矩特性

3.4.2　影响装载机制动能量回收的主要参数分析

通过对装载机并联制动能量回收系统的设计计算和仿真分析，发现影响系统性能的主要因素包括蓄能器的初始压力和容积、溢流阀的开启压力、主控制阀的流量特性、泵马达的排量。下面对各个参数对系统性能的影响进行分析：

1．蓄能器的初始压力和泵马达的排量

蓄能器的初始压力与泵马达的排量共同决定了系统在能量回收状

态下的回收效率和辅助驱动状态下的驱动力矩。蓄能器的初始压力越高、泵马达的排量越大，则系统在能量回收状态下的回收效率越高，在辅助驱动状态下的驱动力矩越大。

2. 蓄能器的容积

蓄能器的容积决定了系统回收能量的多少。蓄能器容积越大，可能回收的能量就越多。同时，蓄能器的容积也决定了辅助驱动时的驱动能量，蓄能器的容积越大，系统能够提供的辅助驱动能量也越多。但是，蓄能器的容积不是越大越好，要与装载机典型工况循环中的能量差有关系，通过计算和试验，可以找到一个最佳的容积。

3. 溢流阀的开启压力

溢流阀的开启是对液压系统的保护，因此，开启压力要与系统中最薄弱的环节相对应。一般在系统设计阶段确定溢流阀的开启压力。

4. 主控制阀的流量特性

主控制阀的流量特性要与蓄能器的最大流量匹配，如果主控制阀的通流能力过大，会导致系统的经济性降低；如果主控制阀的通流能力过小，阀口处的液阻会消耗过大的液压能量，因而降低系统的效率。

3.4.3 实车测试结果及分析

本方案在 ZL50 型装载机上进行了实车铲土装车测试，通过实车测试，验证了系统主要液压元件的选型和系统的工作性能。

(1) 通过实车测试数据的分析和验证，确定了系统的主要元件及参数如下：

➤ 蓄能器初始压力：320 bar；

➤ 蓄能器容积：10 L；

➤ 溢流阀开启压力：350 bar；

➤ 主控制阀选择三位四通、O 型中位的电液比例流量阀，额定流量：160 L/min；

➤ 开关阀的额定流量：200 L/min；

➤ 泵马达的排量：100 mL/r。

（2）通过实车测试和调试，确定了控制系统的软件模块包括：

➤ 蓄能器低压保护算法：当蓄能器压力低于 100 bar 时，关闭主控制阀，对蓄能器进行保护。

➤ 行驶低速退出算法：当装载机行驶速度低于预设的速度时，能量回收系统自动退出工作状态。

➤ 主控制阀与开关阀的联动控制：当主控制阀工作时，开关阀保持断开状态；当主控制阀不工作时，开关阀保持连通状态。二者的工作状态保持联动关系。

➤ 蓄能器低压保护算法与行驶低速退出算法对油门踏板的越权控制：蓄能器低压保护算法与行驶低速退出算法对油门踏板有更高的优先级，当蓄能器低压保护算法或行驶低速退出算法触发时，要确保触发信息能够越过油门踏板的控制信号，对主控制阀和开关阀进行控制。

（3）控制系统的算法逻辑如图 3－30 中 x，y 及其逻辑框图部分所示。

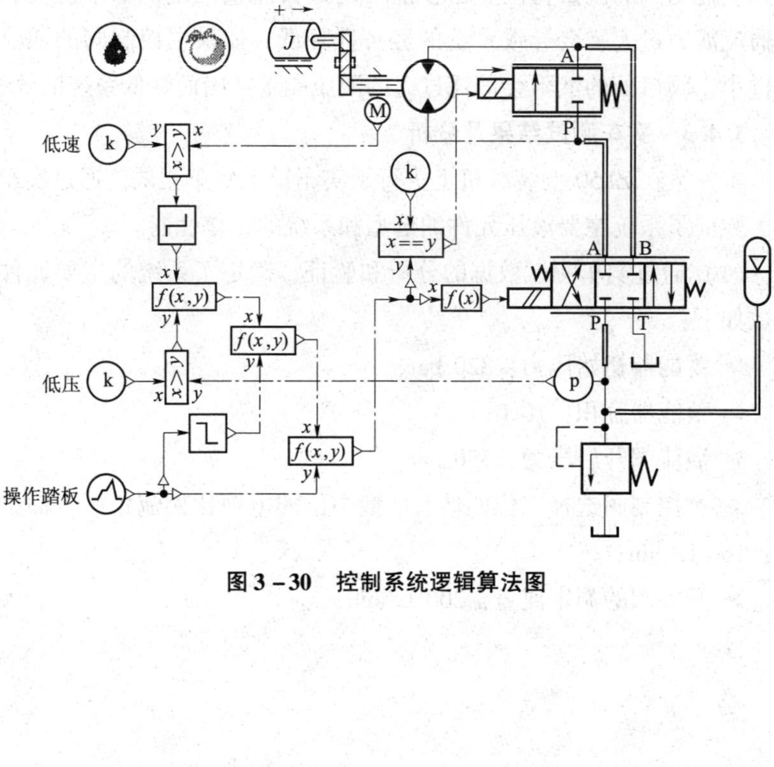

图 3－30　控制系统逻辑算法图

通过对装载机行走制动能量回收系统进行仿真和试验分析，优化了系统参数和元件配置，验证了系统能量回收的有效性和节能效率。基于这个仿真测试平台，可以开发新机型的行走制动能量回收系统，缩短开发时间，降低研发风险，提高测试的针对性和有效性。

3.5　压路机振动能量回收技术

在目前的压路机振动系统中，在停振期间，由于高速运转的振动块旋转惯性力的存在，振动块带动马达做泵工况运转，直至完全克服摩擦力停止，停振时间长。整个停振过程中的低速旋转件会引起驾驶室、发动机、车架共振，影响路面压实质量和操作舒适性。同时激烈共振容易造成电器元件的早期失效，甚至会引起一些结构件、薄板件的断裂等。在启振期间，同样由于振动块惯性力的存在，振动块从零转速到正常工作转速会产生高压力梯度，由此造成液压系统较大的液压冲击，以及液压泵对发动机的扭矩冲击，导致发动机转速快速下降，如操作不当，还有可能造成发动机熄火。在这两个过程中，压力梯度和高温，都为液压气蚀创造了条件，也导致液压原件的早期损坏。

为此设计一种压路机液压振动系统，实现：① 在启振时降低对发动机的扭矩冲击；② 降低正常工作时振动回路的压力波动；③ 高压蓄能器内存储的压力能可以单独或辅助启振；④ 在停振时，能够实现回收振动马达的回转动能。达到节能、提高压实率和提高系统部件寿命的目的。

已知参数：

压路机的实施机型：XS203 全液压振动压路机，如图 3－31 所示。

(1) 整机动力系统示意如下：

发动机——驱动振动串泵——驱动泵——驱动马达

　　　　　　　↓

　　　　　　　└──→振动泵接振动马达

图 3－31　XS203 全液压振动压路机

（2）压力设定：振动 35 MPa。

（3）排量：振动泵 55 mL/r（电控两点控制）、振动马达 55 mL/r（定量）。

（4）振动频率：2 挡，28/33 Hz。

传统压路机振动系统的液压原理如图 3－32 所示。

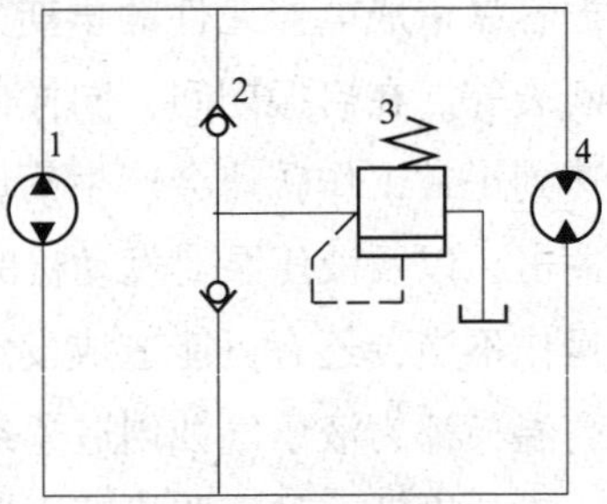

图 3－32　传统压路机振动系统液压原理

1—液压泵；2—单向阀；3—溢流阀；4—液压马达

传统方案的连接方式：液压泵和液压马达直接连接。

在传统压路机振动系统中，增加控制器、电磁阀组、蓄能器等元件，其中，两个单向阀的入口分别与液压泵的两个油口连接，两个单向阀的出口通过电磁开关阀与溢流阀入口、蓄能器入口、电磁换向阀入口连接；溢流阀出口与油箱连接，电磁换向阀的两个出口分别与马达的两个油口连接，新设计的连接关系如图 3－33 所示。

工作过程原理：在振动系统停止过程中，电磁阀连通马达高压侧与蓄能器，振动能量通过电磁阀进入蓄能器，并存储在蓄能器中。

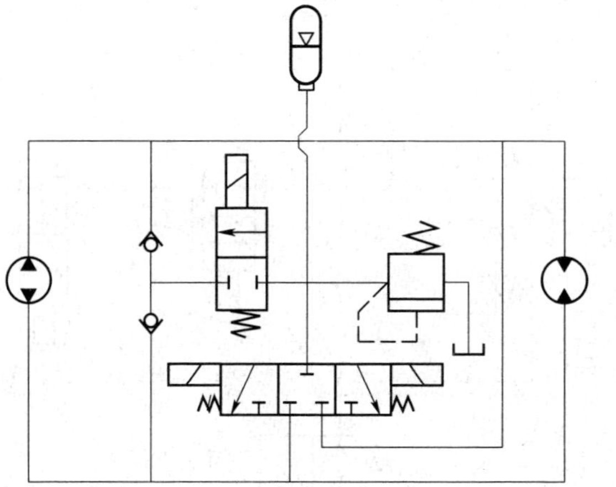

图 3－33　优化的压路机液压振动系统

在振动系统启动时，电磁阀连通蓄能器和马达高压侧，存储在蓄能器中的液压油进入液压系统，驱动马达工作，与发动机一起启动振动系统。

为了提高系统的工作性能，本书提供了两种实用的技术方案，如下：

方案一：振动泵单方向调节，增加三位四通换向阀用以换向。

本方案的优点：

（1）主回路上有单向阀，液压泵与高压蓄能器的工作衔接更加平滑。

（2）马达换向操作通过三位四通换向阀直接切换，液压泵无须动作。

（3）可以利用发动机－液压泵为蓄能器主动充压。

（4）可进一步转变成无级连续调频。

本方案的缺点：

主回路上，有单向阀和三位四通换向阀，会增加流动阻力。

增加了三位四通换向阀的振动泵单方向调节方案，更适用于频繁启振停振的情形，如图 3 – 34 所示。

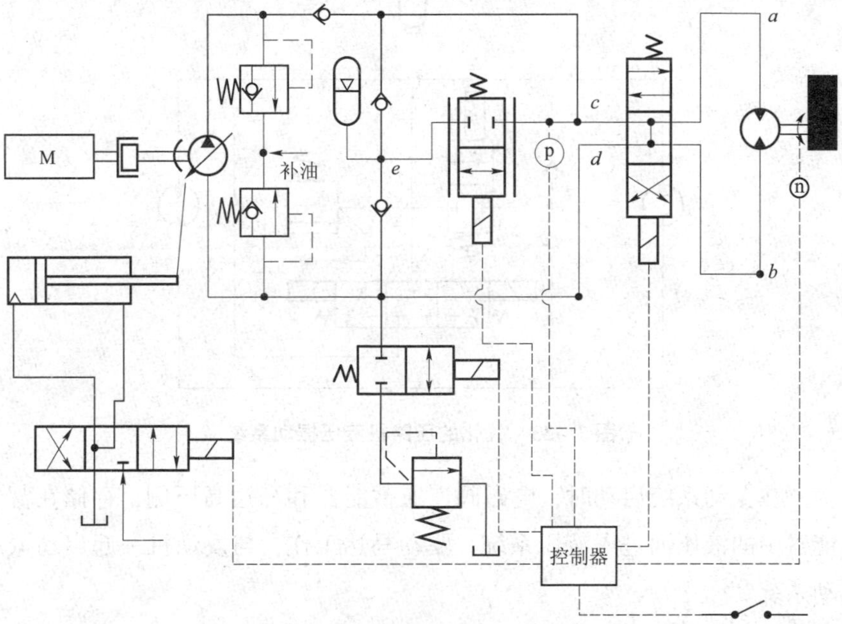

图 3 – 34　采用了三位四通换向阀的压路机振动系统

方案二：采用了两位四通换向阀的压路机振动系统，如图 3 – 35 所示。

本方案的优点：与原系统接近，改动较少；成本较低。

本方案的缺点：无法利用发动机 – 振动泵为高压蓄能器主动充压。

本方案更加适用于稳定工作时间较长的情形。

两种方案的基本原理类似。方案中采用电磁比例阀，主要的目的是在正常工作时，通过调节阀的开口面积改变蓄能器与高压回路之间的流动阻尼，达到利用高压蓄能器减缓高压侧压力波动的目的。如果这个功能不需要，可以将该阀换成开关阀，系统会更加简洁。以上仅仅是原理图，具体实施时可以引入更多的液压自动控制，减少电控环节。

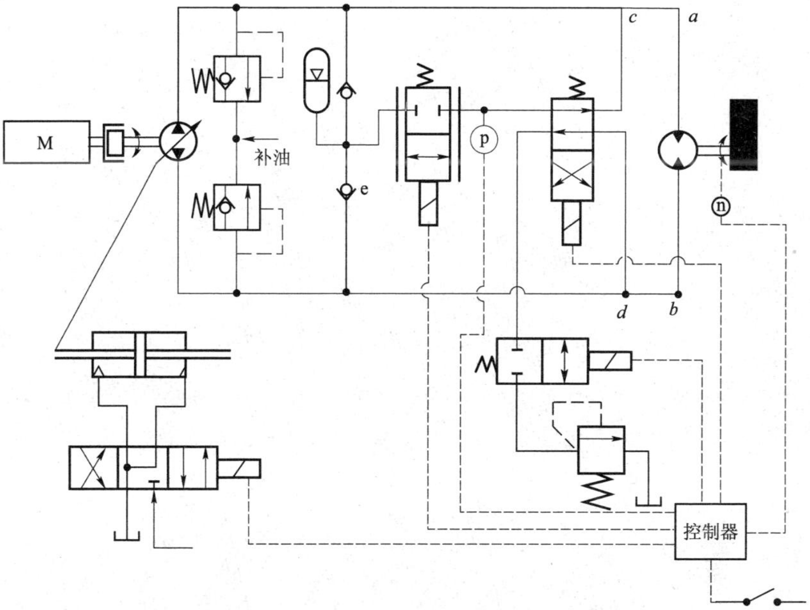

图 3－35　采用了两位四通换向阀的压路机振动系统

第四章　工程车辆液压动力系统新技术

4.1 工程车辆液压动力系统技术路线分析

工程车辆液压动力系统是车辆的行走驱动装置。发动机的转动能量经过分动箱、液压泵、液压马达、变速箱、驱动桥等机械和液压传动装置，转化为车轮的转动能量，车轮与地面之间相互作用形成车辆的行驶驱动力。因此，工程车辆液压动力系统的设计思路和技术路线进化方向都是为了同一个目标：如何更好地将发动机的能量传递到地面。

从液压系统看，变量泵 + 定量马达方案只有一个调速环节，称为一次调节，如图 4 - 1 所示；变量泵 + 变量马达的方案有两个调速环节，称为二次调节。

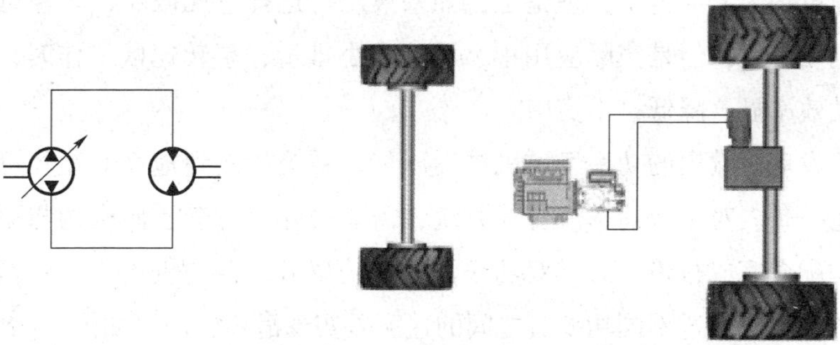

(a)　　(b)

图 4 - 1　一次调节液压系统的原理图和布置图

(a) 原理图；(b) 布置图

一次调节液压系统中，只有变量泵的排量是可用来调速的，因此，整个系统的速度调节范围较小。此系统适合对速度的变化范围要求不高的低速工程车辆的液压行走，系统的成本很低。

对于速度调节范围较宽的工程车辆，一次调节系统不能满足要求。需要把液压马达换成变量马达，构建二次调节液压系统，其液压系统原理图和布置图如下，如图 4 - 2 所示。

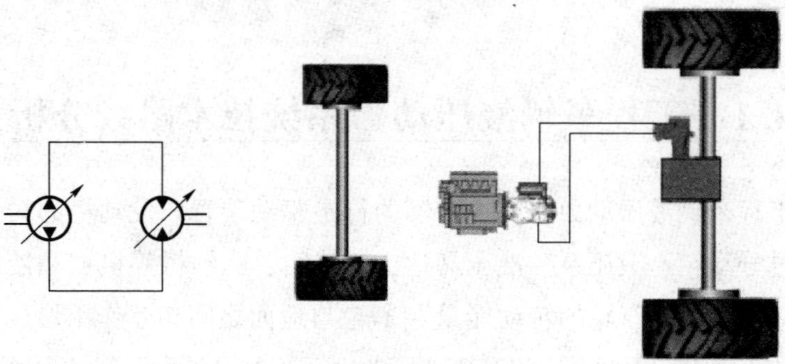

（a）　　　　　　　　　　（b）

图 4 - 2　二次调节液压系统的原理图和布置图

（a）原理图；（b）布置图

对于二次调节液压系统，由于液压泵和液压马达都是变量的，其调速范围大大加宽了，理论上，如果液压马达排量无限小，车速可以达到无限大，但是实际应用中，马达在小排量、高转速区工作时，其传动效率显著降低，不实用。

发动机输出的功率经过机械液压传动系统传递到地面的途径可能不止一条。对于单功率流传动系统，需要另外有一套转向机构与驱动机构配合完成行走。对于双功率流或多功率流，转向机构不一定是必需的，可能通过不同功率流之间的速度差实现滑移转向，如图 4 - 3 与图 4 - 4 所示。

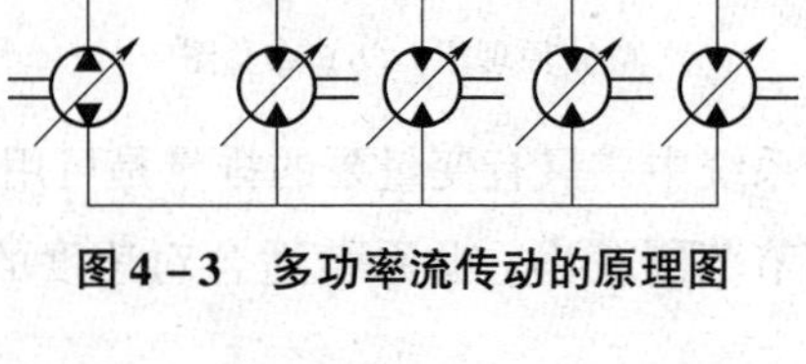

图 4 - 3　多功率流传动的原理图

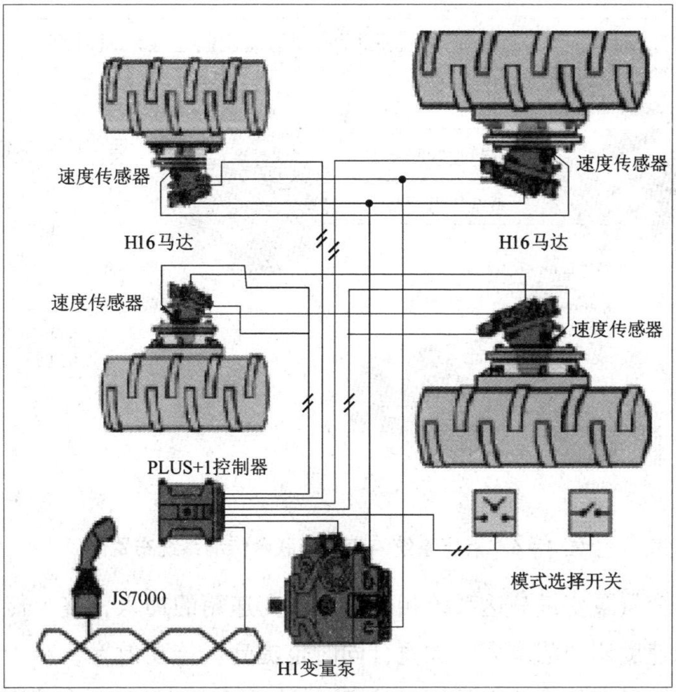

图 4 -4　多功率流传动的布置图

工程车辆液压传动系统有两个主要的设计要求：更宽的调速范围和更高的传动效率。

二次调节系统相比一次调节系统具有更宽的调速范围，在相同速度下，也可以实现更高的传动效率。但是在较高车速下（>20 km/h），液压系统的传动效率显著降低。液压系统与变速箱的结合可以在一定程度上进行弥补。其液压原理图如图4 -5所示。液压系统 - 变速箱联合传动系统原理图如图4 -6所示。

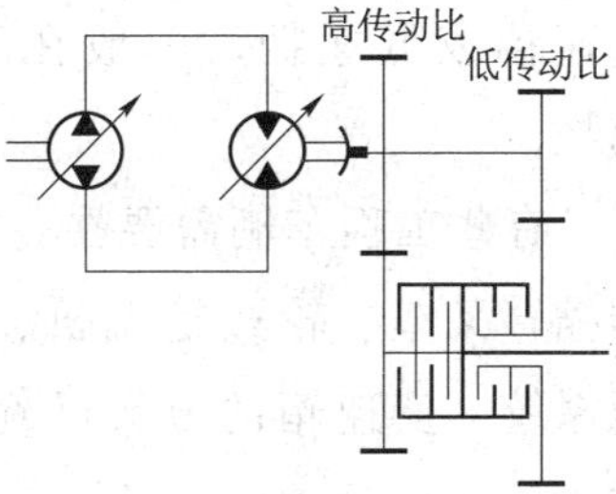

图 4 -5　多功率流传动的布置图

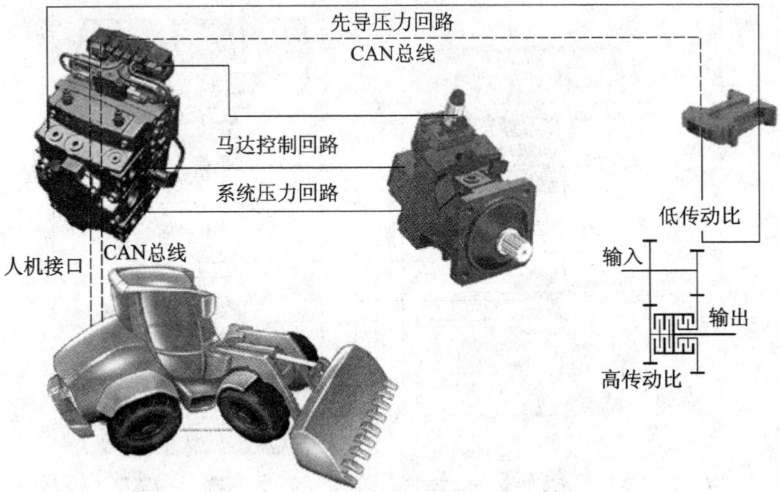

图 4－6　液压系统－变速箱联合传动系统布置图

与变量泵变量马达系统相比，由于变速箱的加入，整个传动系统的传动速度调节范围大大加宽，同时也提高了传动效率。对于液压系统来讲，提高传动效率的措施主要是让泵和马达工作在高效率区。变速箱的加入，可以让泵和马达保持在高效率区而达到预期的速度。

上述液压系统－变速箱联合传动系统的缺点是：只能停车换挡，不能在行驶中实现换挡。这样，工程车辆在行驶起步之前需要选择高速挡或低速挡。一般在工作时选择低速挡，在转场时选择高速挡。

有些工程车辆需要在行驶中换挡，实现宽幅调速，如装载机、伸缩臂叉车、轮式挖掘机、联合收割机、森林机械等。此时，液压系统－变速箱的方案已经不能满足要求，而是需要双马达驱动技术。

4.2　装载机多马达驱动技术

目前，国内装载机液压行驶系统方案的液压原理图如图 4－7 所示。其工作原理和特点如下：

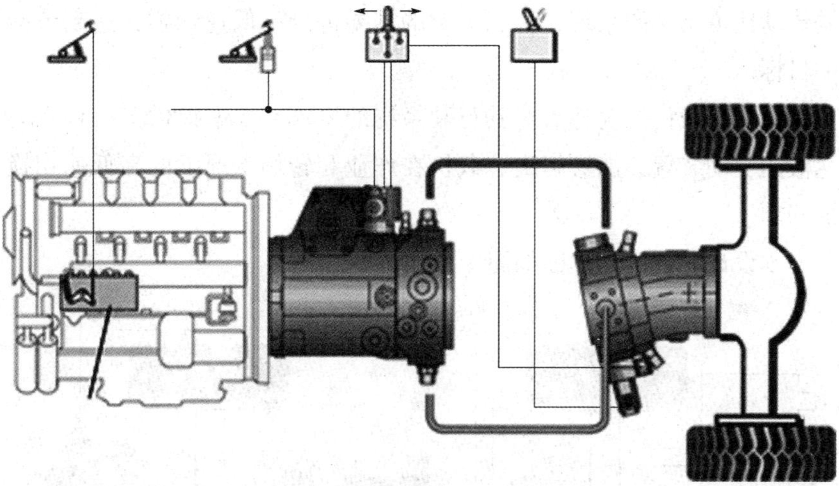

图 4－7　装载机液压行驶系统方案原理图

目前，装载机液压驱动系统采用单泵单马达系统，液压泵与发动机连接，马达与驱动桥连接。发动机的动力从液压泵、液压马达、驱动桥到驱动轮，驱动装载机行驶。

上述驱动系统的优点有：结构简单、成本低、操纵方便。

上述驱动系统的缺点有：驱动力不足，特别是在爬坡、通过泥泞路段、地面附着力较小时，装载机的通过性显著降低，影响作业速度和效率。

上述装载机的工况特点如下：

装载机在工作时，分为作业工况和行驶工况。在装载机转场行驶时，一般路面条件较好，行驶速度较高，此时，适合采用低传动比来传动，达到节能的目标；在装载机进行作业时，场地地面状况一般较差，出现上坡、泥泞等情况较多，行驶速度也较低，此时需要低速大驱动力，适合采用高传动比来传动。

装载机工况特点对行驶系统的要求：

根据以上对装载机工况系统的分析，最理想的液压行驶驱动系统是传动比可切换的系统，根据工况的需要进行高低速切换，达到节能的目标。

针对装载机工况特点对其行驶系统的要求，本书提供了一种双马达液压驱动装置，能够解决装载机在作业和转场工况下的高低速切换的问题。

本设计的液压原理图如图 4－8 所示。

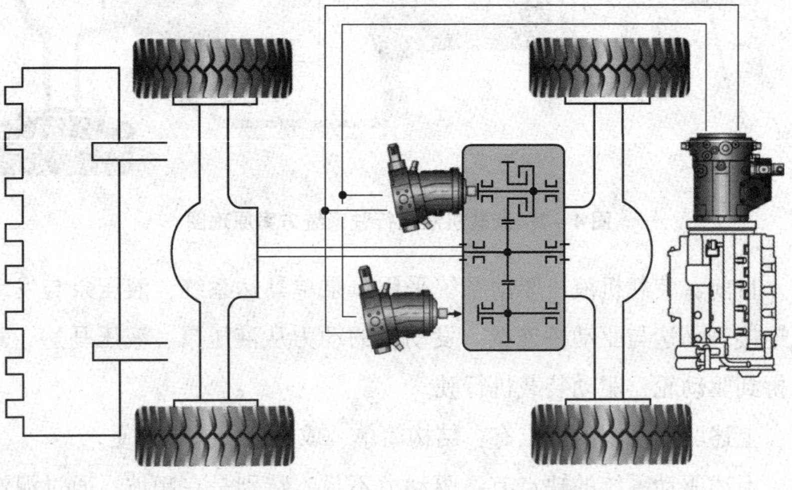

图 4－8　双马达液压驱动装置原理图

本设计的工作原理和特点如下：本文设计的装载机液压驱动系统采用单泵双马达系统，液压泵与发动机连接，两个液压马达与齿轮箱连接，齿轮箱与驱动桥连接。其中，液压马达 1 与齿轮箱固定连接，液压马达 2 与齿轮箱的连接可分离。当需要液压马达 2 与齿轮箱分离时，齿轮箱内自带的离合器分开，使得液压马达 2 与齿轮箱的连接断开。发动机的动力从液压泵、液压马达、齿轮箱、驱动桥到驱动轮，驱动装载机行驶。

装载机在工作时，分为作业工况和行驶工况。

在装载机转场行驶时，一般路面条件较好，行驶速度较高。此时，适合采用低传动比来传动，达到节能的目标。此工况下，液压马达 1 与齿轮箱连接，液压马达 1 参与系统的工作。液压马达 2 与齿轮箱断开，液压马达 2 不参与系统工作。此时系统的连接情况相当于传统系统的单泵单马达系统。

在装载机进行作业时，场地地面状况一般较差，出现上坡、泥泞等情况较多，行驶速度也较低，此时需要低速大驱动力，适合采用高传动比来传动。此工况下，液压马达 1 与齿轮箱连接，液压马达 1 参与系统的工作。液压马达 2 与齿轮箱连接，液压马达 2 参与系统工作。此时，有两个液压马达共同驱动车辆行驶，与原来的单泵单马达系统相比，双马达驱动的速度降低到原来的一半，驱动力增加到原来的两倍，传动比增加到原来的两倍。双马达驱动系统符合作业工况下降低车速、增加驱动力的要求。

上述驱动系统的优点有：可以在单马达驱动和双马达驱动之间切换，兼具单马达系统高速行驶的优点和双马达系统低速大驱动力的优点。

4.3　装载机启停控制技术

装载机是典型的土石方搬运机械，在装载机作业过程中，大约有 30% 的短时等待时间，传统的装载机操作方式下，在等待时间内，装载机驾驶员并不会关闭发动机，而是选择让发动机怠速，等待下一次作业循环。这就造成了发动机的磨损和油耗的增加。

本节所述的装载机启停控制系统是一套电液控制系统，当系统检测到装载机无作业动作且发动机处于怠速时，适时关闭发动机，以节省燃油消耗。当进入下一个作业循环时，驾驶员无须启动发动机，驾驶员只需要直接操作手柄、脚踏板或方向盘，启停系统会自动启动发动机。

启停系统的优点包括：

（1）节能减排，绿色环保。

（2）降低油耗，减少成本。

（3）降低柴油发动机启停频率，延长发动机寿命。

（4）减轻驾驶员工作疲劳程度，提高工作效率。

传统的发动机和液压泵总成包括发动机、液压泵，驾驶员可以手动启动发动机或关闭发动机，但发动机不能自动开启和关闭。有文献提出了一种发动机启停系统，如图 4－9 所示，在传统的发动机和液压泵总成中，增加如下元件：启动马达 2、蓄能器 5 和电磁阀组 6，工作过程为：

当发动机正常工作时，与液压泵出口连接的电磁阀组 6 接通液压泵与蓄能器，给蓄能器充压；当发动机处于怠速且整车处于等待状态时，关闭发动机；当整车重新开始工作并需要发动机启动时，电磁阀组接通蓄能器和启动马达，驱动马达启动发动机。

采用上述的发动机启停方案具有以下缺点：需要增加启动马达，导致系统的成本增加；该马达在发动机正常工作时也在消耗能量，这降低了系统的节能效果。

针对传统方案的缺点，本方案提出了一种全新的发动机液压启停系统，本方案如下：一种发动机液压启停系统，包括发动机、液压泵 2、液压泵 3、液压泵 4、液压阀；发动机分别与三个液压泵传动连接，其中，液压泵 3 在发动机的驱动下可以向液压阀输出高压油；还包括单向阀、电磁阀 1、电磁阀 2、减压阀、蓄能器；所述单向阀安

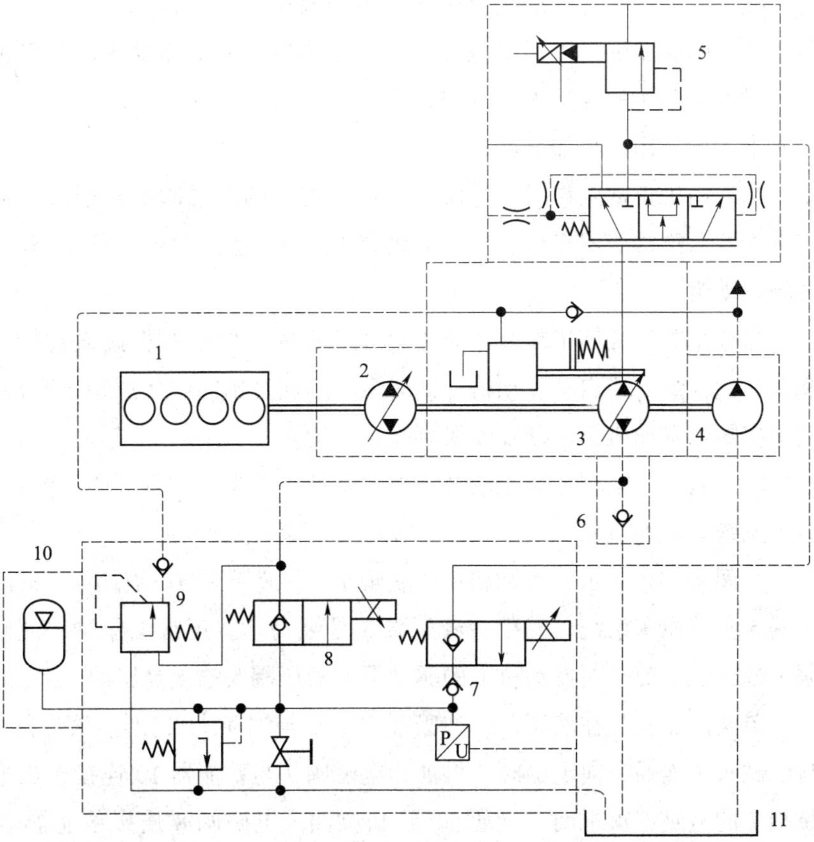

图 4－9　原有发动机启停系统结构原理图

1—发动机；2，3，4—液压泵；5—液压阀；6—单向阀；
7，8—电磁阀；9—减压阀；10—蓄能器；11—油箱

装在液压泵 3 的吸油口，并与油箱连通；液压阀与电磁阀 1 连通，向电磁阀 1 供油；电磁阀 1 与蓄能器连接，当电磁阀 1 的电磁铁得电时，向蓄能器供油；电磁阀 2 连接蓄能器和单向阀，当电磁阀 2 的电磁铁得电时，蓄能器中的高压油通过电磁阀 2 进入单向阀和液压泵 3。此时，液压泵 3 处于马达工况，液压泵 3 在蓄能器输出的高压油的驱动下，启动发动机；减压阀与液压泵 3 的控制油口连接，当发动机停止

时，液压泵 4 不转动，没有液压油输出到液压泵 3 的控制油口；此时蓄能器中的高压油可以通过电磁阀 2 和减压阀进入液压泵 3 的控制油口，对液压泵 3 的排量进行控制。

本设计工作过程如下：

当发动机正常工作时，与液压泵出口连接的电磁阀组接通液压泵与蓄能器，给蓄能器充压。当发动机处于怠速且整车处于等待状态时，关闭发动机。

当整车重新开始工作并需要发动机启动时，电磁阀组接通蓄能器和泵马达，泵马达启动发动机。此时泵马达通过单向阀从油箱中吸油，输出扭矩给发动机，启动发动机到正常转速。

改进后的方案相比原先的技术方案降低了成本，减少了能量消耗，达到系统节能的效果。

如图 4 – 10 所示，发动机 1，液压泵 2，液压泵 3，液压泵 4，液压阀 5 都是原车系统。其中，液压泵 3 是泵马达，正常工作时，液压泵 3 处于泵工况，在发动机 1 的驱动下向液压阀 5 输出高压油。

单向阀 6 安装在液压泵 3 的吸油口，并与油箱 11 连通。液压阀 5 与电磁阀 7 连通，向电磁阀 7 供油。电磁阀 7 与蓄能器 10 连接，当电磁阀 7 的电磁铁得电时，向蓄能器 10 供油。电磁阀 8 连接蓄能器 10 和单向阀 6，当电磁阀 8 的电磁铁得电时，蓄能器中的高压油通过电磁阀 8 进入单向阀 6 和液压泵 3，此时，液压泵 3 处于马达工况，液压泵 3 在蓄能器 10 输出的高压油的驱动下，启动发动机。减压阀 9 与液压泵 3 的控制油口连接，当发动机停止时，液压泵 4 不转动，没有液压油输出到液压泵 3 的控制油口，此时，需要蓄能器 10 中的高压油通过电磁阀 8 和减压阀 9 进入液压泵 3 的控制油口，对液压泵 3 的排量进行控制。

具体工作过程为：当发动机正常工作时，与液压泵出口连接的电磁阀组 6 接通液压泵与蓄能器，给蓄能器充压。

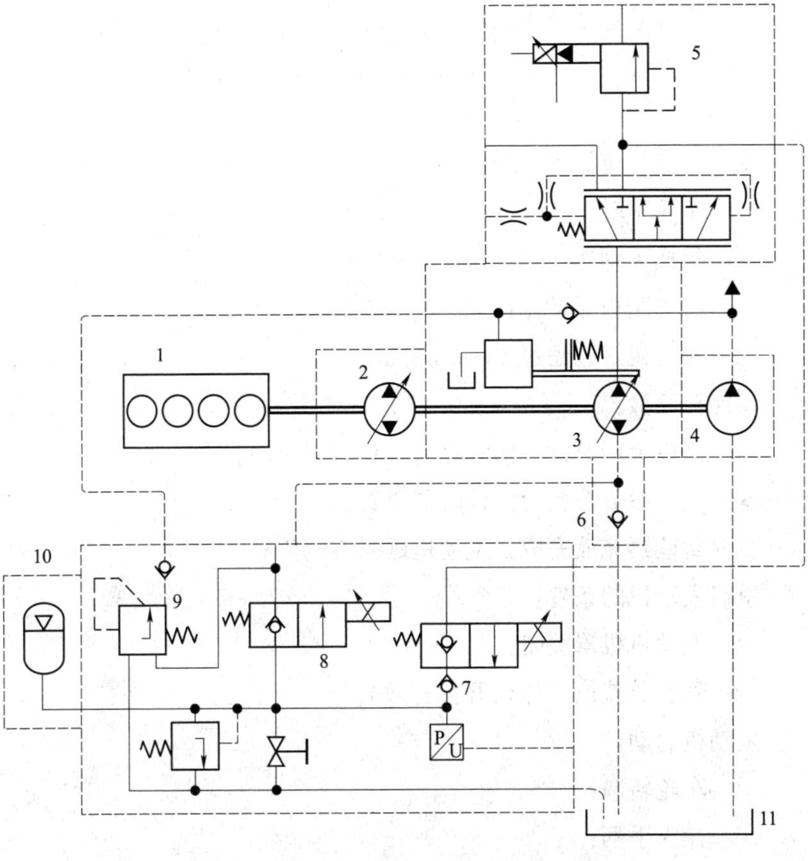

图 4－10　改进的发动机启停系统结构原理图

1—发动机；2，3，4—液压泵；5—液压阀；6—单向阀；

7，8—电磁阀；9—减压阀；10—蓄能器；11—油箱

当发动机处于怠速且整车处于等待状态时，关闭发动机。

当整车重新开始工作并需要发动机启动时，电磁阀组接通蓄能器和泵马达，泵马达启动发动机。此时泵马达通过单向阀从油箱中吸油，输出扭矩给发动机，启动发动机到正常转速。

具体的启停控制条件为：

柴油机熄火条件：

>> 冷却液温度高于 30 ℃（可调）；

>> 选择开关为“开”（指示灯亮；如果冷却液温度过低，则指示灯灭）；

>> 行走挡位处于中位；

>> 车轮不转动；

>> 手柄无动作；

>> 行进踏板无动作；

>> 发动机转速超过 5 000 r/min。

蓄能器充液：

>> 当以上所有条件都满足时，计时器启动；

>> 任一参数改变时，计时器重置；

>> 蓄能器充液完成，发动机延时 5 s 熄火。

重启发动机的条件：

>> 发动机机罩关闭；

>> 驾驶员就位（座椅开关有效）。

发动机启动：

>> 车轮转向；

>> 操纵手柄；

>> 踩踏板动作。

以上对本设计较优选的具体实施方式进行了详细介绍，对于本领域的一般技术人员，依据本设计实施案例的思想，在具体实施方式及应用范围上均会有改变之处，均可依据实际需要做相应变化。

采用启停系统后，驾驶员不会感觉到发动机启动的迟滞。试验测得，传统装载机发动机电启动器启动发动机的时间约为 0.8 s，而启停系统采用液压启动器，启动发动机的时间约为 0.3 s，如图 4-11 所示。

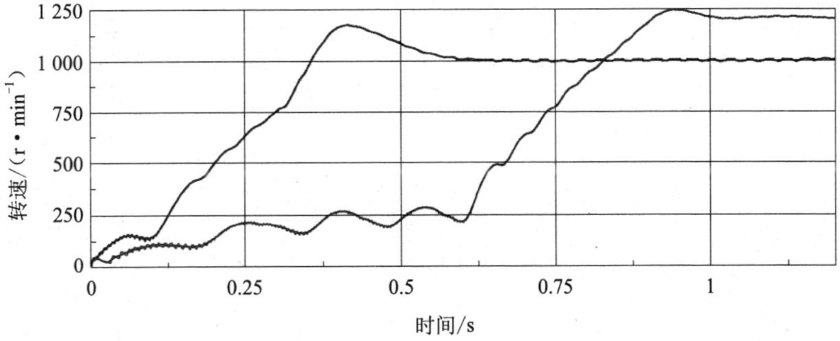

图 4－11　发动机启停系统图

第五章　工程车辆行驶自适应控制技术

5.1　旋耕机作业自适应控制技术

传统耕地用的农机包括牵引车和犁具两部分，其中牵引车的功能是提供行驶和工作动力、对犁具进行必要的控制等。

农机在进行犁地作业时，需要对犁具进行以下控制：

(1) 耕深控制，即一般通过液压驱动犁具，控制犁具切入土壤的深度。

(2) 转向时提起犁具，当农机转向时，需要把犁具完全提起，否则会导致犁具变形或损坏。

(3) 越障控制，即当农机跨越田埂等障碍物时，需要犁具适时提起来，等农机越过障碍物以后，再重新放下犁具继续作业。越障控制的关键是对犁具提起和放下的时机控制，时机过早或过晚，都会对作业质量产生不利的影响。

传统的农机对犁具实施手动控制，上述对犁具的控制都需要驾驶员通过手动完成，对驾驶员的熟练程度要求高，导致驾驶员的劳动强度大。

针对上述农机犁具控制的缺点，本文提供了旋耕机犁具自动控制装置和方法，可以提高农机作业质量，减轻驾驶员劳动强度。

本节所要解决的技术问题是旋耕机犁具自动控制装置和方法，不仅能够自动完成耕深控制、转向控制以及越障控制，而且农机作业质量较高，大大降低驾驶员劳动强度。

5.1.1 旋耕机犁具自动控制装置和方法技术关键

旋耕机犁具自动控制装置，包括信号监测模块、可编程控制器、液压驱动模块、犁具执行模块，可编程控制器用于向液压驱动模块发送动作指令，液压驱动模块与犁具执行模块直接连接，通过液压驱动模块中的液压缸驱动犁具执行模块中的犁具实施深耕、转向以及越障等动作，信号监测模块用于监测犁具状态、牵引车运行状态并反馈至可编程控制器，使可编程控制器能够准确地进行下一步控制指令的发送。

信号监测模块包括行驶角度传感器、转向角度传感器、车速传感器、犁具角度传感器；转向角度传感器与牵引车转向开关连接，通过通信电缆与可编程控制器连接，用于监测牵引车转向角度的变化，构成转向时犁具提起的自动控制闭环；犁具角度传感器安装在犁具上，通过通信电缆与控制器连接，监测犁具的作业角度，构成犁具工作角度的控制闭环；行驶角度传感器安装在牵引车驾驶室顶端，通过通信电缆与可编程控制器连接，用于实时监测农机主机的行驶角度；车速传感器与牵引车的车速仪连接，并通过通信电缆与可编程控制器连接，用于监测农机的行驶速度；车速传感器和行驶角度传感器通过与可编程控制器连接，构成犁具越障控制闭环。

可编程控制器接收到行驶角度传感器、转向角度传感器、车速传感器、犁具角度传感器采集的状态信号，同时可编程控制器结合内置的控制方法算法进行运算、处理并产生电磁阀铁控制电流信号，电磁阀铁接收到来自可编程控制器的控制信号执行相应的动作。

液压驱动模块包括液压缸、电磁式液压比例阀、液压泵、油箱，液压缸缸体固定在牵引车上，输出端与犁具执行模块连接，通过电磁式液压比例阀控制液压缸动作，电磁式液压比例阀包括比例阀、电磁铁 A、电磁铁 B，电磁铁 A 得电，从而推动比例阀动作，比例阀驱动油缸伸出，将犁具放下；电磁铁 B 得电，从而推动比例阀动作，比例阀驱动油缸收缩，将犁具提起，电磁铁 A、电磁铁 B 均不得电，比例阀不动作，犁具正常工作或停止。

旋耕机犁具自动控制装置的控制方法，包括犁具转向自动控制、犁具越障自动控制。

5.1.2　转向时犁具自动控制步骤

当可编程控制器检测到转向角度传感器的输出角度值大于某个预设的角度后，可编程控制器输出控制电流给液压比例阀电磁铁 B，通过液压比例阀控制液压缸缩进，把犁具提起到最高位置；当方向盘转向角度回复到预设角度以内后，根据驾驶员的操作恢复犁具的作业状态。

具体步骤如下：

（1）在可编程控制器中预设一个回转角度的激活阈值 $a>0$、$\varepsilon>0$，且 $a>\varepsilon$。

（2）当驾驶员转动方向盘进行转向时，可编程控制器接收转向角度传感器采集到的方向盘实际的转向角度值 b。

（3）可编程控制器判断实际转向角度绝对值结果为 $|b|>a$，则可编程控制器判定驾驶员正在操作车辆转向，可编程控制器向电磁铁 B 传送信号，使得电磁铁 B 得电，从而推动比例阀并驱动液压缸缩进，将犁具提起；或可编程控制器判断实际转向角度绝对值结果为 $\varepsilon<|b|<a$，且驾驶员发出放犁指令时，可编程控制器向电磁铁 A 传送信号，使得电磁铁 A 得电，从而推动比例阀并驱动液压缸伸出，将犁具放下；或可编程控制器判断实际转向角度绝对值结果为 $|b|<\varepsilon$，可编程控制器则判定驾驶员未转向，犁具状态不变。

5.1.3　越障时犁具自动控制步骤

首先通过行驶角度传感器的信号判断出正常行驶状态和越障状态，如果行驶角度在短时间内变大又迅速变小，说明车轮在通过障碍；再通过车速传感器计算障碍物到达犁具位置的时间，计算依据包括车辆的尺寸、车速等；最后通过可编程控制器向液压比例阀的电磁铁 B 发出控制信号，通过液压比例阀驱动油缸提起犁具。

当障碍物通过犁具后，控制器自动控制犁具恢复原作业状态，实现了系统的自动控制越障功能。

具体步骤如下：

(1) 在可编程控制器中预设一个行驶角度的激活阈值 $c>0$。

(2) 当行驶并跨越障碍时，行驶角度传感器输出实际的行驶角度 d。

(3) 可编程控制器判断实际行驶角度绝对值结果为 $|d|>c$，则可编程控制器判定车辆为正在跨越障碍物并开始计，经过 T_1 时间，可编程控制器向电磁铁 B 发出控制信号，使得电磁铁 B 得电，从而推动比例阀动作，比例阀驱动液压缸缩进，将犁具提起；其中，$T_1=m/v$，m 为经验系数，一般为常数，v 为车辆行驶速度；或，可编程控制器判断实际行驶角度绝对值结果为 $\varepsilon<|d|<c$，则可编程控制器判定车辆障碍物跨越完成并开始计，经过 T_2 时间后，可编程控制器向电磁铁 A 发出控制信号，使得电磁铁 A 得电，从而推动比例阀动作，比例阀驱动油缸伸出，将犁具放下；其中，$T_2=n/v$，n 为经验系数，一般为常数，v 为车辆行驶速度；或，可编程控制器判断实际行驶角度绝对值结果为 $|b|<\varepsilon$，可编程控制器则判定车辆并未跨越障碍物，犁具状态不变。

通过本方案有效解决传统农机对犁具使用控制困难的问题，实现农机犁具自动完成耕深控制、转向控制以及越障控制，使用简单，大大降低了对驾驶员的熟练程度要求及其劳动强度。

如图 5－1 所示，旋耕机犁具自动控制装置，包括信号监测模块、可编程控制器 11、液压驱动模块、犁具 13，可编程控制器 11 是自动控制装置的核心部件，负责对其他部件的协调处理工作。

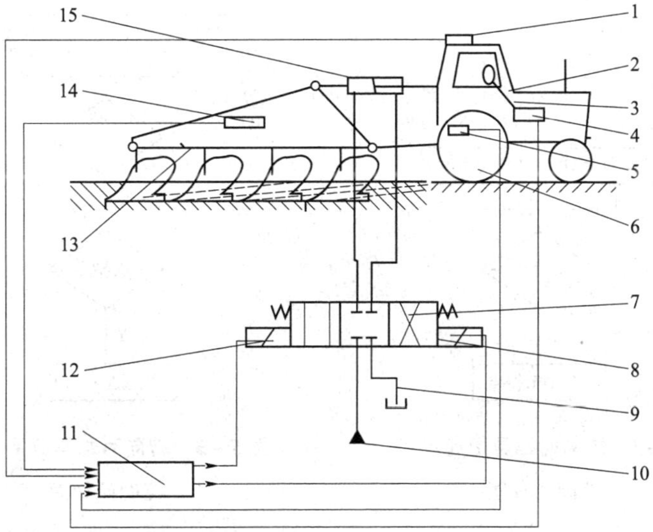

图 5－1　旋耕机犁具自动控制装置结构示意图

1—行驶角度传感器；2—牵引车；3—转向开关；4—转向角度传感器；5—车速传感器；6—车速仪；7—比例阀；8，12—电磁铁；9—油箱；10—液压泵；11—可编程控制器；13—犁具；14—犁具角度传感器；15—液压缸

信号监测模块包括行驶角度传感器 1、转向角度传感器 4、车速传感器 5、犁具角度传感器 14；转向角度传感器 4 与牵引车 2 的转向开关 3 连接，并通过通信电缆连接至可编程控制器 11，牵引车 2 转向，转向角度传感器 4 产生转向角度信号，传送至可编程控制器 11，可编程控制器 11 结合设定的算法控制犁具 13 产生相应的动作，构成转向时犁具 13 提起的自动控制闭环。

犁具角度传感器 14 安装在犁具 13 上，并通过通信电缆连接至可编程控制器 11，可编程控制器 11 接收到犁具角度传感器 14 传送来的角度信号，控制犁具 13 工作角度，构成犁具 13 工作角度的控制闭环；行驶角度传感器 1 安装在牵引车 2 驾驶室顶端，并通过通信电缆连接至可编程控制器 11，实时监测农机主机的行驶角度。转向时犁具提起控制流程图与转向时犁具放下控制流程图分别如图 5－2 与图 5－3 所示。

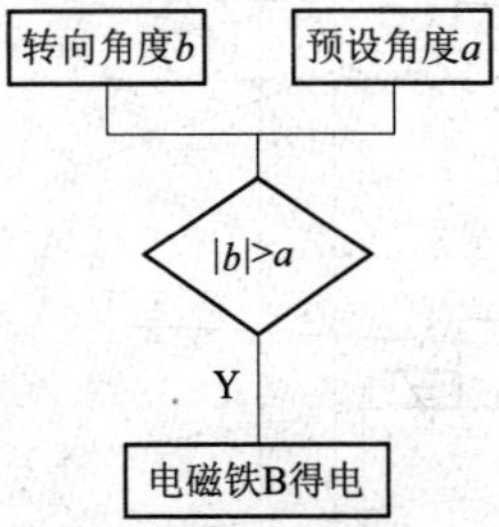

图 5-2　转向时犁具提起控制流程图

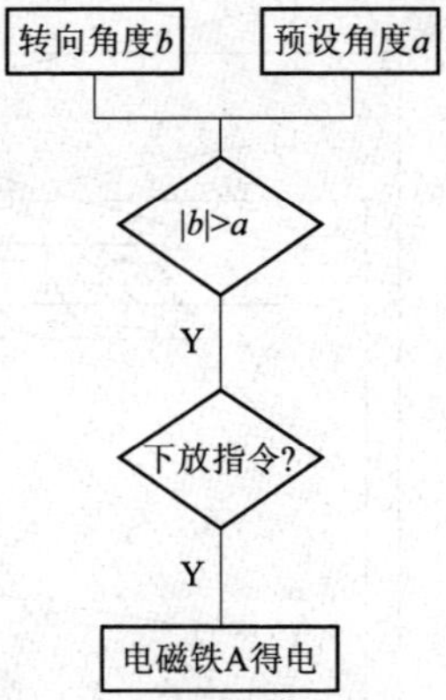

图 5-3　转向时犁具放下控制流程图

车速传感器 5 与车速仪 6 连接，并通过通信电缆连接至可编程控制器 11，实时监测农机的行驶速度；车速传感器 5 与行驶角度传感器 1 通过通信电缆与可编程控制器 11 连接，构成犁具 13 越障控制闭环，如图 5-4 所示。

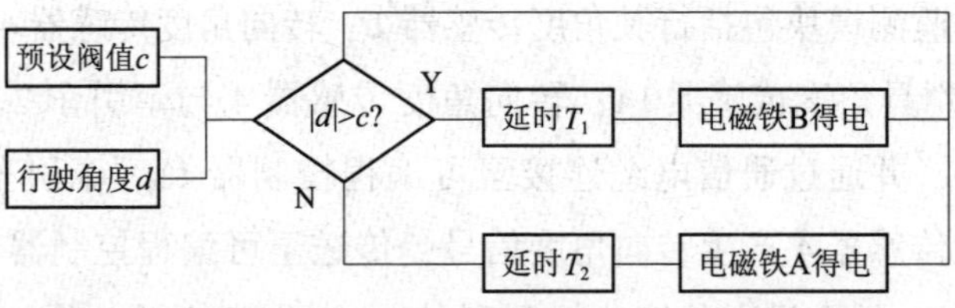

图 5-4　越障时犁具控制流程图

可编程控制器 11 接收到行驶角度传感器 1、转向角度传感器 4、车速传感器 5、犁具角度传感器 14 采集到的信号，同时可编程控制器 11 结合内置的控制方法、算法进行运算、处理并产生控制电流信号控制电磁铁 8、电磁铁 12 动作，电磁铁 8、电磁铁 12 接收到来自可编程控制器 11 的控制信号操作比例阀 7，控制液压缸 15，进一步达到控制犁具 13 提起或下放的目的。

液压驱动模块包括液压缸 15、电磁式比例阀、液压泵 10、油箱 9，液压缸 15 缸体固定安装在牵引车上，液压缸输出端与犁具 13 连接；电磁式液压比例阀包括比例阀 7、电磁铁 A8、电磁铁 B12，电磁铁 A8 得电，从而推动比例阀动作，比例阀 7 驱动液压缸 15 伸出，将犁具 13 放下；电磁铁 B12 得电，从而推动比例阀 7 动作，比例阀 7 驱动液压缸 15 收缩，将犁具 13 提起，电磁铁 A8、电磁铁 B12 均不得电，比例阀 7 不动作，犁具 13 正常工作或停止。

5.2　收割机自动控制新技术

5.2.1　国内收割机卫星导航技术现状

随着我国高新技术的应用和电子信息技术的渗透，以及现代化精细农业的要求和农机高科技技术的迅速发展，农机 GPS 卫星定位和自动导航驾驶已成为现代化大型农业的一个重要组成部分。在播种、施肥、洒药、收获、整地、起垄等许多农机作业项目上发挥着重要的作用，并有着广阔的发展前景。农业机械 GPS 卫星定位和自动导航驾驶不仅提高了机车的作业质量和工作效率，实现节本增效，而且很大限度地减轻了驾驶操作人员的劳动强度。

1. 系统的组成和工作原理

（1）系统组成：主要有导航光靶、方向传感器、通信模块、导航控制器、液压控制器等。

导航光靶：接收 GPS 的定位信号，在设定导航线后，根据机组作业幅宽进行自动直线导航，技术特点是在没有作业导航图的情况下可在作业中生成导航线，差分 GPS 的定位下，可对农机田间直线行走作业精确引导，使机组作业不重不漏，并具有作业面积计算统计等功能。

方向传感器：向导航控制器发送高精度的转角信息。

通信模块：接收基站的差分数据。

导航控制器：自动驾驶系统的核心，通过接收 GPS 的定位信息和方向传感器的转角信息，向液压系统发送指令。

液压控制器：液压控制器根据导航控制器发送的指令，改变油箱的流量和流向，保证农机按照设定的路线行驶。

（2）工作原理。

首先在导航光靶上设定车辆行走线，设置导航模式（直线或者曲线）。通过接收基站差分数据，实现厘米级的卫星定位，实时向控制器发送精确的定位信息。方向传感器实时向控制器发送车轮的运动方向。导航控制器根据卫星定位的坐标及车轮的转动情况，实时向液压控制阀发送指令，通过控制液压系统油量的流量和流向，控制车辆的行驶，确保车辆按照导航光靶设定的路线行驶。工作原理示意图如图5－5、图5－6所示。

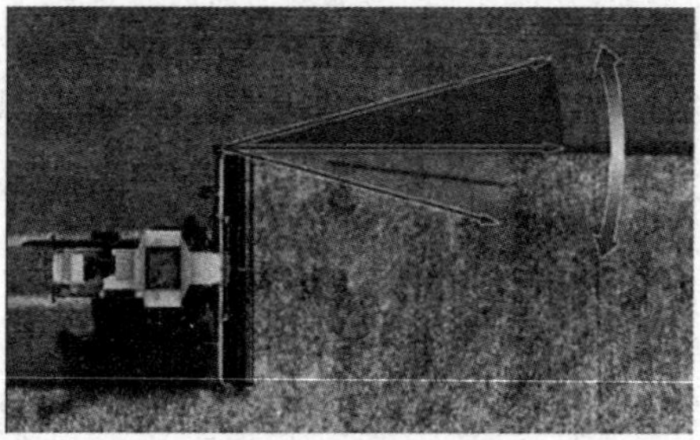

图5－5　工作原理示意图一

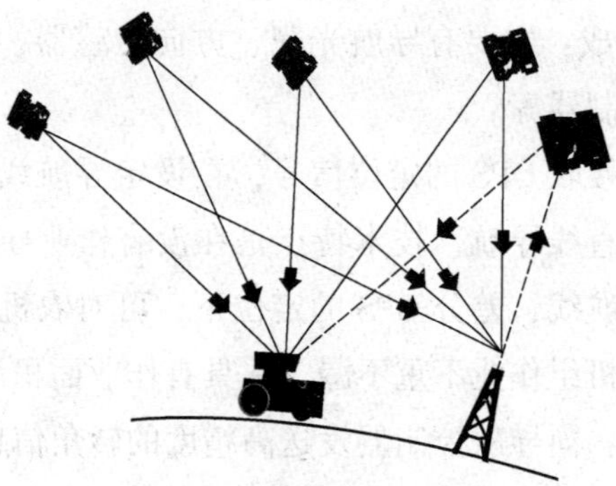

图5－6　工作原理示意图二

2. 实际作业情况

1）提高土地利用率

该系统的基站设在农场农机管理服务中心，设备要求 24 h 工作，基站的覆盖半径可达 50 km，可以完全覆盖全场地号的作业面积，满足农场农机田间作业要求。农机使用自动驾驶系统进行起垄、播种、洒药、整地等作业时，结合线之间的偏差和千米直线度偏差可以控制在 2.5 cm，减少农作物生产投入成本，并且可以提高农艺作业质量，避免作业过程产生的“重漏”现场，降低生产成本，提高土地利用率，增加经济效益。

2）提高机车时间利用率和作业质量

该系统提高了机车的操作性能，延长了作业时间，可以实现夜间播种作业，大大提高了机车的出勤率和时间利用率。同时这套系统可以减轻驾驶操作人员的劳动强度，在作业过程中，驾驶操作人员不需要驾驶方向盘，可以用更多的时间注意观察农具的工作状况，有利于提高田间作业质量。

3）地形适应性较强

该系统可以用于平地或坡地，控制器的地形补偿技术不断修正和补偿农机具的俯仰、翻滚姿态，达到精确导航驾驶的目的。

以起垄作业为例，传统的起垄作业完全依靠驾驶员的自身经验，在直线度和结合线的精度上很难得到保证，尤其在地块的面积和坡度较大的情况下，偏航的情况在所难免，作业时的重漏和结合线偏差过大现象，直接造成生产成本的加大和地块利用效率的降低。利用这套系统就可以避免以上现象的发生。同时该系统还具有作业状况实时记录、作业面积计算统计等功能。这些都比传统农机作业占据优势。

4）合理调配机车

通过 GPS 卫星定位，可以实时掌握机车的田间作业情况，包括机车的作业地号、作业速度等信息，并将实时作业情况通过信息中心的大屏幕显示出来，使农机管理人员随时根据机车田间作业情况，科学合理地对全场机车作业进行统一指挥和调度。

3. 几点注意事项

（1）*AB* 线一定要按农场要求设定距林带的距离，具体距离根据地号实际情况，尽可能保持与林带平行，才能做到充分利用土地，不浪费并且达到标准作业。

（2）多车在同一地号利用自动驾驶系统进行相同作业时，车与车之间的 *AB* 线必须平行才能确保作业质量达到不漏或不重的目地。

（3）使用自动驾驶时，需加速时，最好先适当少减点油，在加挡后，再把油门缓慢加大到需要的位置，这样能确保作业的直线度；需要减速时，最好先加油再减挡。只有正确的操作机车，才能不影响作业的直线度。

（4）利用自动驾驶进行悬挂农具作业时，最好慢些前行，上线后，再缓慢倒到地头确定入堑后再放下农具作业。利用自动驾驶进行拖挂作业时，最好人工驾驶上线后再用自动驾驶，这样既省车和农具，也能确保安全作业，避免意外事故发生。

（5）利用自动驾驶作业时，坚决不能睡觉或注意力不集中，以免发生安全事故。

4. 农业机械自动转向系统的优点

（1）在能见度低时能够获得高可靠性及安全性。

（2）使割台宽度能够得到最大利用。

（3）可以很精确地描绘每片区域的产量，以便精准作业。

（4）降低了油耗。

（5）减少转弯时间。

（6）降低了驾驶员的压力使其能更加关注于收割作业上。

5.2.2 收割机自动控制新技术

1. 割台高度控制方式

收割机割台高度控制方式主要有以下三种模式：

模式1：恢复到预先设定的割台高度以收割切割后断杆较长的作物。如甘蔗、青储饲料等农作物，收割后的断杆较长，收割机进行收割作业时，需要将割台控制在一个较高的高度，而且不同的农作物需要的割台高度也不相同，因此预先设定在割台控制系统中。

模式2：保持切割后断杆在一个预先设定的长度，比如使用和地面接触的机械传感器。

对于地面不是平面的田地，需要收割机的割台高度能够随着地面的起伏进行实时的高度控制。此时，需要在割台上安装机械传感器，检测地面到割台的高度。

模式3：保持割台一个预先设定的对地压力以收割倒伏的作物。

由于大风、大雨等原因，农田实际存在农作物倒伏的情况。为了收割倒伏的农作物，需要割台紧贴地面作业，此时，割台与地面之间不是高度控制，而是贴合压力控制。

2. 山地地形自适应控制

在倾斜和起伏的山地地形上面，割台可以根据地形情况倾斜和升降，以适应变化的复杂地况作业，同时整机的悬挂系统可以保持整机平衡状态，以提高驾驶员的驾驶舒适性和脱粒及清选系统的作业效率，如图5-7所示。

图5-7 山地地形自适应控制示意图

3. 行驶作业速度自适应控制

采用静液压驱动拨禾轮，喂入速度可以实现自动调整，根据收割机行走速度自动调节割台及喂入的速度，比如田间作物密度变稀，收割机将加速，这时割台和喂入的速度将会自动调整，以匹配行走速度，如图 5－8 所示。

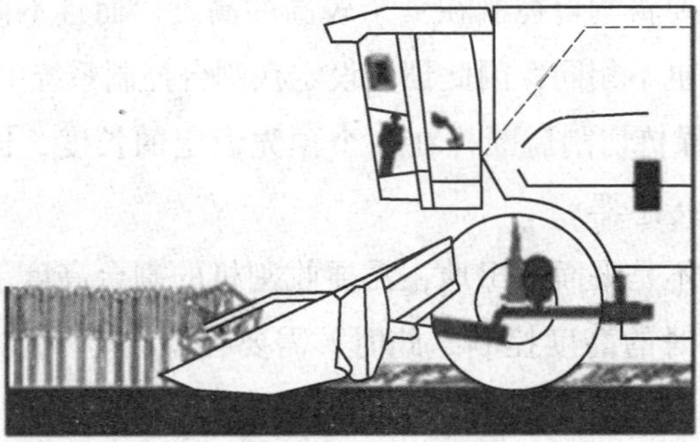

图 5－8　行驶作业速度自适应控制图

4. 清选系统自动找平功能

在斜坡上收割时，减少谷物的损失及增加生产效率，和在平地上收割效果一样。整个清选系统（包括谷物盘、上筛、下筛、风机）能够自动调整水平以获得最佳的清选效果，不管是在平地，还是在换行转弯时（换行经过田埂时），以及在斜坡上收割时，都能获得最佳效果，如图 5－9 所示。

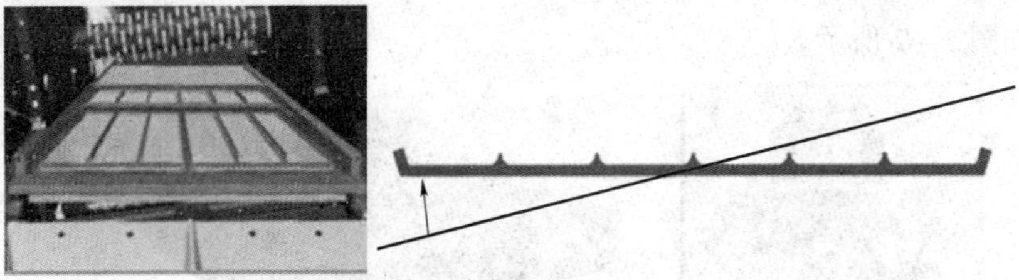

图 5－9　清选系统自动找平功能图

5.3　联合收割机液压两驱 - 四驱切换技术

目前，国内收割机液压行驶系统常见的有两轮驱动形式与四轮驱动形式，本节提出了一种两驱 - 四驱液压切换装置，能够解决传统收割机两驱、四驱不能切换的问题。

5.3.1　收割机液压行驶系统两驱方案

其中，两驱方案的液压原理如图 5 - 10 所示。

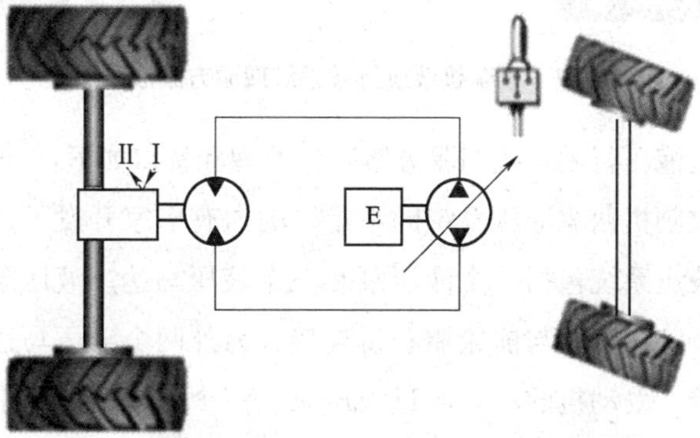

图 5 - 10　收割机液压行驶系统两驱方案液压原理

收割机液压行驶系统两驱方案工作原理和特点如下：

收割机两驱液压系统包括一个液压泵和一个液压马达，其中，液压泵与发动机连接，液压马达与前轮驱动桥连接，发动机输出的动力经过液压泵、液压马达、前桥到达两个前轮，两个前轮驱动收割机行走。后轮是转向轮，没有驱动功能。

上述的前轮驱动系统的优点：结构简单、成本低、操纵方便。

上述前轮驱动系统的缺点：驱动力不足，特别是在爬坡、通过泥泞路段、地面附着力较小时，收割机的通过性显著降低，影响作业速度和效率。

5.3.2 收割机液压行驶系统四驱方案

收割机四驱液压系统的原理如图 5－11 所示。

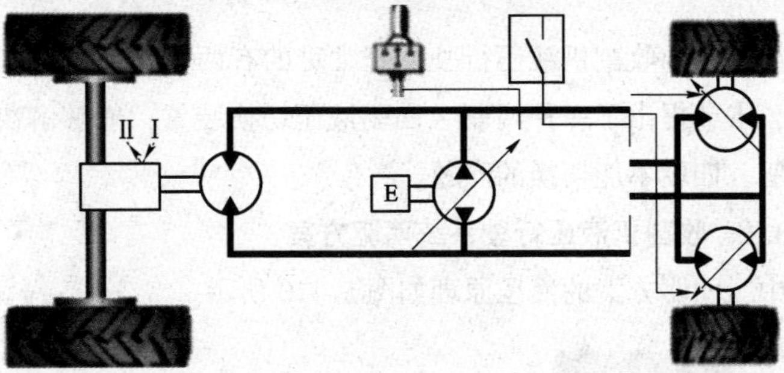

图 5－11 收割机液压行驶系统四驱方案液压原理

收割机液压行驶系统四驱方案工作原理和特点如下：

针对收割机两驱液压系统的不足，国内有厂家开发了四驱液压系统，四驱液压系统包括一个液压泵和三个液压马达。液压泵与发动机连接，一个液压马达与前轮驱动桥连接，另外两个液压马达分别与两个后轮连接。发动机的动力经过液压泵、三个液压马达分别传输到两个前轮和两个后轮，实现了四轮驱动。

上述四轮驱动液压系统的优点是：驱动力充足，在爬坡、泥泞路段等工况下，车辆的通过性仍然很强。

上述四轮驱动系统的缺点是：能量消耗大。无论路面时好时坏，车辆都采用四轮驱动，能量消耗大，经济性差。

收割机在工作时，分为作业工况和行驶工况。在收割机行驶时，一般路面条件较好，行驶速度较高，此时，适合采用两驱液压系统来驱动，达到节能的目标；在收割机进行收割作业时，如果地面条件较好，可以采用两驱系统，如果地面出现上坡、泥泞等情况，则需要四轮驱动系统。

收割机工况特点对行驶系统的要求：两驱系统适合收割机的行驶

工况，四驱系统适合收割机的作业工况，因此，理想的收割机的驱动系统要能够在两驱和四驱之间进行切换。当收割机处于行驶工况时，行驶系统切换到两驱模式，以实现较高的行驶速度和节能效果；当收割机处于作业工况时，行驶系统切换到四驱模式，以实现较高的牵引力和通过性能。

根据以上对收割机工况系统的分析，最理想的收割机液压行驶驱动系统是两驱、四驱可切换的系统，根据工况的需要进行切换，达到节能的目标。

针对收割机工况特点对其行驶系统的要求，本文提出了一种两驱－四驱液压切换装置，能够解决传统收割机两驱、四驱不能切换的问题。

5.3.3　一种两驱－四驱液压切换装置

图 5－12 所示为收割机液压行驶系统两驱－四驱液压切换原理图。

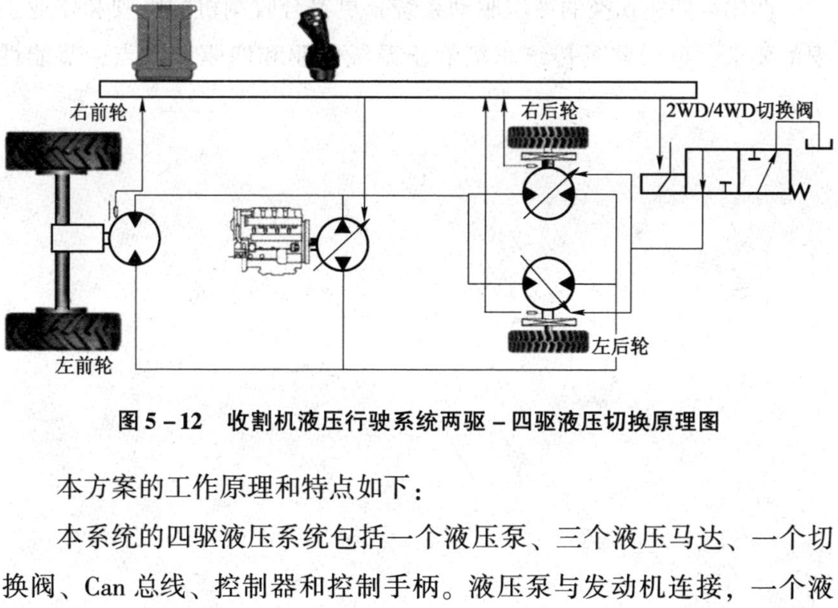

图 5－12　收割机液压行驶系统两驱－四驱液压切换原理图

本方案的工作原理和特点如下：

本系统的四驱液压系统包括一个液压泵、三个液压马达、一个切换阀、Can 总线、控制器和控制手柄。液压泵与发动机连接，一个液压马达与前轮驱动桥连接，另外两个液压马达分别与两个后轮连接。

发动机的动力经过液压泵、三个液压马达分别传输到两个前轮和两个后轮，实现了四轮驱动。Can 总线与液压泵控制模块、马达转速传感器、控制器、控制手柄、液压切换阀电磁铁连接。液压切换阀与两个后轮驱动液压马达连接。

系统工作时，控制器采集马达转速传感器的信号和控制手柄的信号，并对液压泵排量、液压切换阀进行控制。常态下，液压系统工作在两驱状态，即两个后轮驱动液压马达排量处在零位，不工作。只有前轮驱动液压马达工作。当控制器通过马达转速传感器检测到车速较低时，通过控制切换阀电磁铁控制切换阀工作，把两个后驱动液压马达激活（把马达排量从零位推到工作位），从而实现了从两驱模式切换到四驱模式。反之，当控制器检测到液压马达的转速回复到正常范围时，通过控制切换阀电磁铁控制切换阀回复原位，两个后轮驱动液压马达的排量回到零位，车辆又回复到两驱模式。

两驱 - 四驱切换的液压驱动系统，更符合收割机的行驶和作业工况的要求，可以兼具传统车辆液压系统两驱和四驱的优点，节能性更好。

第六章　工程车辆液压底盘设计

6.1　集装箱堆高机行走液压系统设计

集装箱堆高机是在通用叉车技术基础上发展起来的集装箱专用叉车，又称为集装箱叉车，适用于20～40英尺[①]标准集装箱的搬运和堆垛作业，广泛应用于集装箱港口、码头、运输中转站、城市物流中心、堆场等场所。随着我国集装箱运输事业的蓬勃发展，集装箱作业设备的需求量连年高速增长，堆高机等港口机械发展前景广阔。

堆高机主要由动力传动系统、转向系统、车架系统、门架系统、吊具系统、驾驶室和操作系统、空调系统、电气系统和液压系统等部分组成。堆高机工作时，吊具锁销锁住集装箱，举升油缸伸缩带动链条使集装箱沿门架上下移动；摇摆油缸伸缩实现门架前倾后仰；柴油机输出动力经行走传动系统驱动整车行走，从而实现集装箱的搬运和堆垛作业。堆高机结构简图如图6－1所示。

目前，国内外集装箱堆高机的行走系统普遍采用液力机械传动，液力变矩器的特点决定了液力机械传动堆高机底盘的许多缺点。堆高机的平均行车速度低于15 km/h、启停和换向频繁、对低速稳定性要求高，而液力变矩器在低速工况下的效率很低，低速稳定性不好。所以，液力机械传动堆高机底盘普遍存在能耗大、驾驶员劳动强度高、使用经济性差等缺点。液力机械传动的上述缺点恰好是液压传动的优

① 1英尺＝0.304 8米。

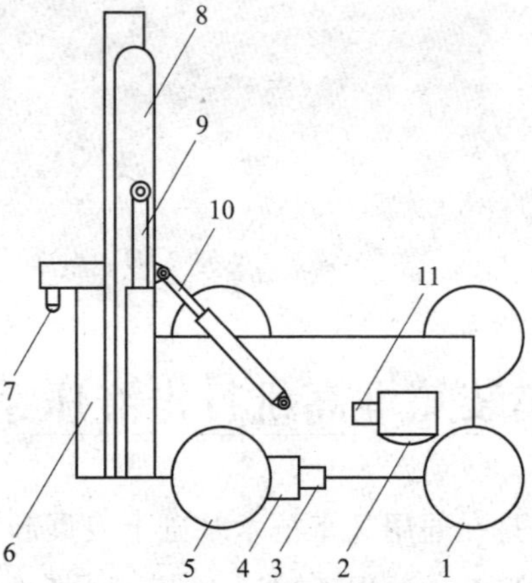

图 6 – 1　堆高机结构简图

1—后桥；2—柴油机；3—液压马达；4—减速机；5—前桥；6—吊具；
7—锁销；8—门架；9—举升油缸；10—摇摆油缸；11—液压泵

点，液压传动在低速、大扭矩传动、频繁启停换向、低速稳定行驶等方面具有先天的优越性，随着近几年液压传动技术的飞速发展，液压元件的性能越来越高，价格越来越低，使开发堆高机专用液压底盘成为可能。

本节主要介绍堆高机液压底盘的核心技术——行走液压系统的设计。

堆高机行走液压系统采用电比例控制的单泵双马达方案，如图 6 – 2所示。电比例控制变量柱塞泵带有 DA 控制阀，该阀能够根据泵转速对泵的压力和流量进行调节，实现功率极限载荷控制；制动压力信号对泵排量的越权控制既能发挥液压系统本身的制动能力，还能在车辆行驶中对车速进行控制；马达采用大排量电比例控制变量马达，以期能够在相对较低转速下传递较大功率，这样可以降低轮边减速装置的减速比。大排量马达还能使液压系统工作在较高效率区域，降低系统发热；双马达并联实现液压软差速功能；泵和马达的电比例联合控制可以实现行走换向、无级调速、微动作和行走纠偏功能。

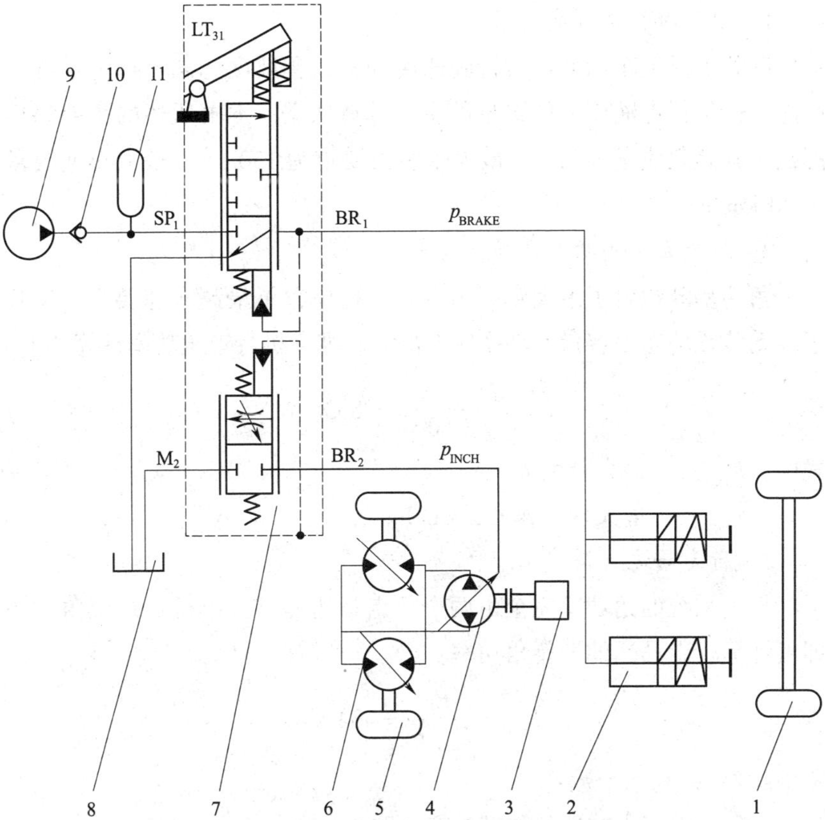

图 6－2　堆高机行走系统液压原理图

1—后桥；2—制动油缸；3—柴油机；4—液压泵；5—前桥；6—液压马达；
7—制动阀；8—液压油箱；9—齿轮泵；10—单向阀；11—蓄能器

发动机－液压传动系统－轮边减速装置构成了堆高机的负荷传动系统，行走液压元件的选型计算不但要考虑泵和马达的匹配，还要考虑泵与发动机的匹配、马达与减速机以及与车轮附着性能的匹配。满载工况下车辆的最大行驶速度要求和最大爬坡度要求标志着行走系统的性能，也是行走液压元件选型的原始计算依据。根据牵引力要求和车速要求，可以确定行走马达和减速机的最佳参数；行走泵的选型主要考虑泵与发动机的功率匹配，兼顾泵与马达的流量匹配。

1. 堆高机行走性能要求

满载工况下车辆的最大行驶速度和最大爬坡度标志着行走系统的性能，也是行走液压元件选型的主要计算依据。本书所述的集装箱堆高机，其满载质量为45 t，最大牵引力要求为150 kN，最大车速要求为20 km/h。

2. 行走系统角功率计算

角功率既包含了最大牵引力要求，也包含了最高车速要求，反映了传动装置的功率容量和功率变换能力。堆高机行走角功率计算如下：

$$P_{jj}=\frac{F_{max}\times v_{max}}{3\ 600}=833\ \text{kW} \tag{6-1}$$

式中：F_{max}——最大牵引力，N；

v_{max}——最大理论速度，km/h。

3. 行走马达选型

行走系统的角功率完全由两个行走马达提供，由行走系统角功率即可计算行走马达的期望角功率：

$$P_{mjo}=\frac{P_{jj}}{Z\times\eta_2}=434\ \text{kW} \tag{6-2}$$

式中：Z——马达个数；

η_2——行走减速机传动效率，取0.96。

期望角功率是对行走马达的最小角功率要求，据此可以选择行走变量马达的最大排量 V_{mmax}。

行走驱动液压马达的产品样本提供了压力、流量、转速等性能参数，根据这些参数可以计算出马达的角功率。在工程应用中，一般根据经验初步选择马达型号，再验证该马达是否符合角功率要求。现初步选择REXROTH公司的A6VM160EP2马达，其最高连续工作压力为40 MPa，最大排量为160 mL/r，其实际排量可以在零到最大排量之间双向无级调节，最高转速为4 600 r/min。其角功率计算如下：

$$P_{mj}=\frac{p_m\times V_{mmax}\times n_{mmax}\times 0.95}{60\times 1\ 000}=465\ \text{kW} \tag{6-3}$$

式中：p_m——马达的连续最高工作压力，MPa；

V_{mmax}——马达最大排量，mL/r；

n_{mmax}——马达最高转速，r/min。

可见，该马达的实际角功率与期望角功率相比，$P_{mj} > P_{mjo}$，即该马达满足使用要求。

4．行走减速机最佳减速比的确定

行走马达的功率由减速机传递至车轮，减速机在降低转速的同时也增大了扭矩。在马达选定以后，对于整车的最大驱动扭矩要求和最大行驶速度要求，存在一个最佳减速比，以同时满足上述转矩和转速要求。其值可由下式计算：

$$i_2 = \frac{M_{max} \times 2\pi}{\eta_i \times V_{mmax} \times p_m \times \eta_m} = 49.93 \tag{6-4}$$

式中：η_i——减速机机械效率，取0.95；

η_m——马达机械效率，取0.95；

M_{max}——整车的最大驱动扭矩，N·m。

取减速装置的减速比为50，同时要求其额定输出转速不低于92 r/min。

5．行走泵选型

行走泵首先要能够充分传递发动机的输出功率，还要满足最高车速时马达的流量要求。在系统压力等级确定以后，泵的排量决定了其功率容量，所以，行走泵的选型主要是泵排量的选择。

已知发动机额定净输出功率为156 kW，额定转速为2 250 r/min，要求行走泵的角功率大于发动机的输出功率，即

$$P_{bj} = \frac{p_b \times V_{bmax} \times n_{bmax} \times 0.95}{60 \times 1\ 000} > 156\ \text{kW} \tag{6-5}$$

式中：p_b——泵的最高压力，MPa；

V_{bmax}——泵的最大排量，mL/r；

n_{bmax}——泵的最高转速，r/min。

可求得 $V_{bmax} > 108$ mL/r，可见，泵的排量大于 108 mL/r 即能满足发动机的功率要求。

初选 A4VG125EP2 柱塞泵，排量为 125 mL/r，可知该泵能够传递发动机的最大功率输出。下面验证该泵是否能够满足车辆在最高行驶速度时马达的流量需求。

（1）发动机额定转速下泵的输出流量为

$$Q_b = \frac{V_b \times n_b \times \eta_b}{1\ 000} = 251\ \text{L/min} \tag{6-6}$$

式中：V_b——泵排量，mL/r；

n_b——泵转速，r/min；

η_b——泵的容积效率，根据转速和排量查得 $\eta_b = 0.895$。

（2）每个马达的流量为

$$Q_m = Q_b/2 = 125.5\ \text{L/min} \tag{6-7}$$

（3）马达在最小排量下的最高转速为

$$n_{mmax} = \frac{Q_m \times 1\ 000 \times \eta_m}{V_m} = 3\ 714\ \text{r/min} \tag{6-8}$$

式中：Q_m——马达流量，L/min；

V_m——马达排量，mL/r；

η_m——马达的容积效率，根据转速和排量查得 $\eta_m = 0.947$。

（4）此时车轮的最高转速为

$$n_{lmax} = n_{mmax}/i_2 = 74\ \text{r/min} \tag{6-9}$$

（5）忽略车轮的滑转率，其最高行驶速度为

$$v_{max} = n_{lmax} \times 2\pi \times r_1 \times 60/1\ 000 = 17\ \text{km/h} \tag{6-10}$$

式中：n_{lmax}——车轮最高转速，r/min；

r_1——车轮动力半径，取 0.609 m。

选用 A4VG125EP2 柱塞泵时，整车能达到的最高行驶速度为 17 km/h，而设计要求达到的最高转速为 20 km/h，可见，该马达的理论最高转速不能满足要求。改选 A4VG180EP2 柱塞泵，按照上述过程

计算，其理论最大行驶速度可达 24.48 km/h，能够满足速度要求，所以此堆高机选用 A4VG180EP2 柱塞泵。

6. 行走液压系统性能

行走泵和行走马达均采用电控比例阀调节排量，这将使液压系统的控制更加灵活，操作十分简便。如果液压系统控制特性不尽合理，只需更改相关控制程序即可，不必改变液压元件，极大地增强了系统的匹配柔性。

液压泵和液压马达均采用双向可变排量形式，适合低行驶速度下频繁启动、制动、换向等工况要求；在 5～15 km/h 常用速度范围内，液压传动系统效率可以保持在 80% 以上，远高于液力变矩器的传动效率；与液力传动系统相比，液压传动行走系统的突出优点是良好的低速行驶稳定性，下面讨论堆高机液压行走系统的最低稳定速度。

为了高效传递发动机功率，泵排量与发动机油门通过油门踏板联动，泵的输出流量随发动机转速升高而增大。堆高机工作过程中需要低速稳定工作，此时要求在发动机较大功率和较大转速下获得泵的较小流量，进而获得稳定低速。这就需要对泵排量进行人为越权控制。

寸进制动阀 LT31 可以控制行走泵的控制压力，进而控制行走泵的最小排量，获得较小流量，进而获得较小的马达转速，实现低速行驶。其性能如图 6－3 所示，寸进压力 p_{INCH} 即为行走泵控制压力，当寸进压力为零时，行走泵不输出动力，同时制动压力开始上升。这也是寸进制动阀的制动思路，制动前先将驱动力降到零。

寸进制动阀能够将泵的流量降到很低，使马达获得最低稳定转速，甚至更低。马达的最低稳定转速约为 50 r/min，则车轮的最低稳定转速为

$$n_1 = 50/i_2 = 50/50 = 1\ \text{r/min} \tag{6-11}$$

整机最低稳定车速为

$$v_{min} = n_1 \times 2\pi \times r_1 \times 60/1\,000 = 0.229\ \text{km/h} = 63.79\ \text{mm/s} \tag{6-12}$$

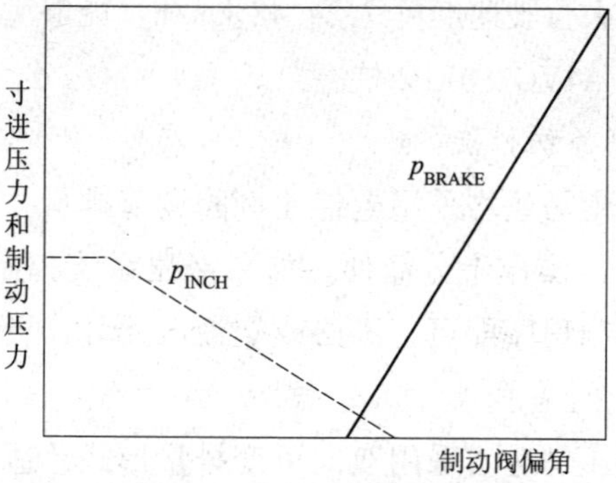

图 6-3　LT31 寸进制动阀的性能图

行走速度可以更低，但当车速低于 63.79 mm/s 的最低稳定转速时，行走速度将趋于不稳定，车辆可能会有轻微蹿动。由于减速机的作用，车轮转速的波动程度为马达转速波动量的 1/50，车辆行走蹿动不明显。

总之，随着液压元件性能的提高和价格的降低，基于通用液压元件的液压底盘在工程车辆中的应用日益广泛，有取代液力机械传动的趋势。堆高机专用液压底盘就是针对液力机械底盘的诸多不足之处而开发的新型、高性能底盘，其在低速大扭矩传动、频繁启停换向、低速稳定行驶等方面具有突出的优点，其直接成本较液力机械底盘持平或略低，故随着液压技术的飞速发展，堆高机专用液压底盘具有广阔的发展前景。

6.2　履带式摊铺机行走液压系统设计

6.2.1　行驶液压驱动系统参数计算

1. 液压系统的传动方案及工作原理

履带式沥青砼摊铺机行驶驱动系统大都采用全液压驱动方案，动力传递方式为分置式结构，即发动机带左、右变量泵，经左、右液压马达后传递至左、右轮边减速装置，经减速后驱动左、右履带使机器行驶，动力传递路线如图 6－4 所示。

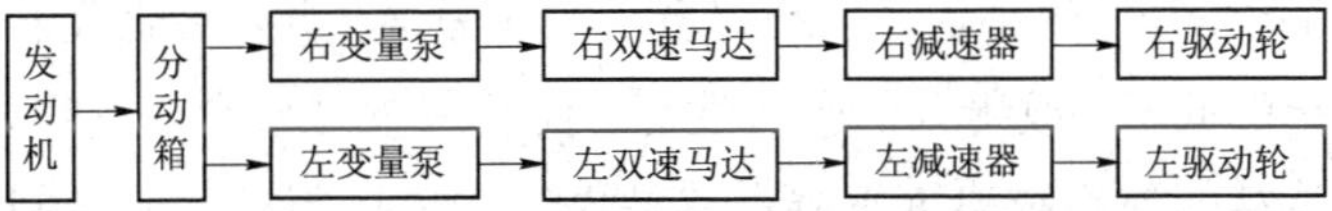

图 6－4　履带式摊铺机行驶系统传动方案

图 6－5 所示为典型履带式摊铺机单边行驶液压系统驱动回路。由变量泵－变量马达组成闭式变量液压系统，且为双泵－双马达组成的左右独立驱动回路。这样，两边回路进行统一控制，既可联动实现车辆的前进、后退及相应的速度改变，又可分别动作，实现不同半径的转向或原地转向。

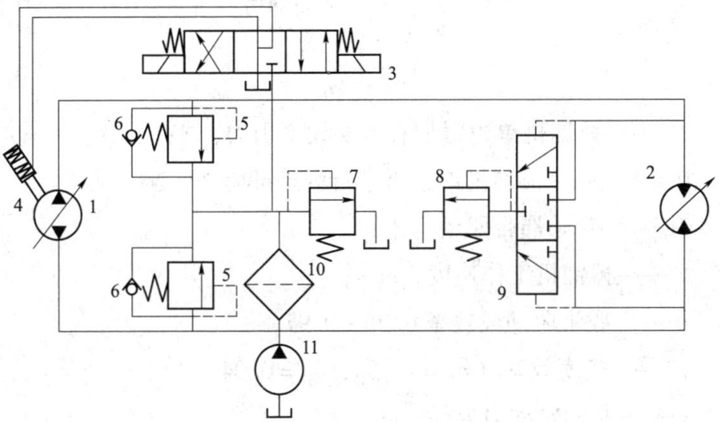

图 6－5　履带式摊铺机单边行驶液压系统驱动回路

1—变量泵；2—变量马达；3—比例电磁阀；4—变量机构；5—安全阀；6—单向阀；7—补油溢流阀；8—溢流阀；9—梭阀；10—滤油器；11—补油泵

液压系统由变量泵 1、变量马达 2、比例电磁阀 3、变量机构 4、安全阀 5、单向阀 6、补油溢流阀 7、溢流阀 8、梭阀 9、滤油器 10、补油泵 11 和油箱等组成。在这个系统中，变量泵既是液压能源又是主要的控制元件，通过比例电磁阀和变量机构 4 调节，泵流量的大小和方向，就可以改变液压马达输出速度的大小和方向。系统的最大工作压力由安全阀5所限定。该系统中补油泵有三个作用：一是通过单向阀6向系统的低压管道补油，以补充系统的泄漏量，并可在低压管道中建立起一定的低压，改善泵的吸入性能，防止气蚀现象和空气渗入系统；二是通过补油使系统温度下降；三是提供变量控制机构的控制压力油路，保证控制系统正常工作。梭阀9用于系统适度泄漏，以利换热。

2. 驱动马达外负载扭矩

针对本书所研究的对象，需要计算单边液压系统驱动回路的驱动力，取整机行驶阻力的60%作为单边驱动的行驶阻力，即单边有效切线牵引力 F_{ks}、单边驱动轮驱动功率 P_{ks} 分别为

$$F_{ks}=0.6\sum F_i \quad i=1,2,3,4,5 \tag{6-13}$$

$$P_{ks}=0.6\sum F_i\cdot v_p/(1\,000\eta_r\cdot\eta_\delta) \tag{6-14}$$

$$M_{ks}=\frac{F_{ks}\cdot r_k}{\eta_r} \tag{6-15}$$

式中：F_{ks}——摊铺机单边履带有效切线牵引力，N；

$0.6\sum F_i$——摊铺机单边履带行驶外部阻力，N；

M_{ks}——单边履带驱动力矩；

v_p——摊铺机工作速度，m/s；

η_r——履带驱动段效率0.96~0.97；

η_δ——速度效率（$\eta_\delta=1-\delta_H$，$\delta_H=0.04$）；

r_k——驱动轮动力半径，m。

设轮边减速机构传动比 i，传动效率为 η_L，马达轴转速为 n_m，驱动链轮转速为 n_L，马达负载力矩 T_L，则有关系式

$$T_L n_m \eta_L=M_{ks}n_L \tag{6-16}$$

故

$$T_L=\frac{M_{ks}n_L}{n_m\eta_L}=\frac{M_{ks}}{i\eta_L}=\frac{F_{ks}\cdot r_k}{i\eta_L\eta_r} \tag{6-17}$$

3. 液压行驶驱动系统参数计算

在作业工况下由各种外部阻力所决定的液压马达的工作压力 p_m

(N/m²) 为

$$p_{m}=\frac{2\pi T_{L}}{\eta_{mt}q_{m}}+p_{r} \tag{6-18}$$

式中：q_m——马达作业工况下的排量，m^3/r；

η_{mt}——马达的机械效率；

p_r——系统的补油压力，N/m^2。

在作业工况下由各种外部阻力所决定的液压泵的工作压力 p_p (N/m²) 为

$$p_{p}=p_{m}+\sum\Delta p=\frac{2\pi T_{L}}{\eta_{mt}q_{m}}+p_{r}+\sum\Delta p \tag{6-19}$$

式中：$\sum\Delta p$——管道压力损失，N/m^2。

考虑到沥青砼摊铺机行驶系统所采用的容积调速回路中，变量泵与液压马达之间多为橡胶管和钢管组合连接，长度也较短，且属中压系统，故采用估算值，取 $\sum\Delta p=1.5$ MPa。

按照液压系统设计计算及元器件选取原则，应使液压泵的额定工作压力比其实际工作压力大5%～25%，即

$$p_{PA}=A_{P}\cdot p_{P} \tag{6-20}$$

式中：A_P——压力储备系数（$A_P=1.05\sim1.25$）

液压马达的流量 Q_m 由最大作业速度和非作业工况最大行驶速度所决定。

$$Q_{m}=\frac{n_{m}q_{m}}{\eta_{mv}} \tag{6-21}$$

式中：n_m——马达转速，r/min；

η_{mv}——马达容积效率。

车辆最大作业速度 v_p (m/min) 为

$$v_{p}=2\pi r_{k}n_{L}\eta_{\delta}=\frac{2\pi r_{k}}{i}n_{m}(1-\delta_{H}) \tag{6-22}$$

因此由最大作业速度所决定的流量 Q_{m1}(m^3/s) 为

$$Q_{ml}=\frac{n_{ml}q_{mmax}}{\eta_{mv}}=\frac{v_p\cdot iq_{mmax}}{2\pi r_k\eta_{mv}(1-\delta_H)} \tag{6-23}$$

式中：n_{ml}——由最大摊铺速度所决定的马达转速，m^3/min；

q_{mmax}——摊铺作业工况下马达的最大排量，m^3/r。

由最大摊铺速度所决定的液压泵的流量 $Q_{PA}(m^3/s)$ 为

$$Q_{PA}=A_qQ_{ml} \tag{6-24}$$

式中：A_q——漏损系数或流量储备系数（$A_q=1.1\sim1.3$）

6.2.2 行驶液压系统参数校核

1. 连续作业工况的校核

根据关系式(6－21)～式(6－24)初步选定泵和马达的型号，然后根据泵和马达工作参数进行校核。

关系式(6－20)中，泵的工作压力 p_{PA} 实际上确定的是系统的平均工作压力，即连续工作的额定压力，系统设计的由安全阀限制的系统最高压力是该压力的1.6倍，压力储备系数 A_q 可作为系统压力初步校核的依据。A_q 值在上述范围内，说明设计满足要求；若 $A_q<1.05$，则设计不能满足要求；若 $A_q>1.25$，虽然能满足设计中量值上的要求，但由于额定压力太大，系统压力也随之升高，当系统突然出现超大载荷时，易使系统中出现超高压，损坏液压元件，此时认为设计能满足要求，但不能过大，且系统的最高压力要适当降低。

关系式(6－24)泵的流量校核可初通过验证漏损系数 A_q 是否在其取值范围或更大，来校核泵的最大排量选择是否合理。

选定的泵和马达的工作参数已满足摊铺机在最大作业工况下工作阻力和工作速度的要求，因此还需校核一些其他特殊工况下系统工作压力、流量是否满足要求。

2. 最高行驶速度工况的校核

马达的最大流量 Q_{mmax}（m^3/s）为

$$Q_{mmax}=\frac{q_{mi}iv_p}{2\pi\eta_{mv}r_k(1-\delta_0)}\leqslant Q_{my} \tag{6-25}$$

式中：q_{mi}——液压马达最小排量（双速马达的小排量位置，高速小扭矩工况），m^3/r；

δ_0——非作业工况下的滑转率，取8%～10%；

Q_{my}——液压马达允许的最大工作流量。

其他符合同前。

上式中 δ_0 取值和前面讲的 δ_H 有所区别，对于摊铺机这样的连续作业机械来说，最大牵引效率工况和最大生产率工况是不一致的，为了提高路面平整度，将额定滑转率限定在很小的范围，为了获得最大生产率，尽量发挥发动机功率，应将工作的平均阻力配置在最大生产工况附近，并根据最大生产率工况和滑转率对摊铺速度的影响来确定额定滑转率。在校核最高行驶速度时，属于非作业工况，因此可将其滑转率 δ_0 取8%～10%。

泵的最大流量 Q_{pmax} 必须大于马达的最大允许流量，即

$$Q_{pmax} \geqslant A_q Q_{mmax} \tag{6-26}$$

3. 最大爬坡度校核

摊铺机在最大爬坡度工况下工作时，其坡道阻力 F_α（N）为

$$F_\alpha = gm_y(f\cos\alpha_{max} + \sin\alpha_{max}) \tag{6-27}$$

式中：α_{max}——最大爬坡度，一般取20°。

由式(6－15)、式(6－17)～式(6－19)、式(6－27)得系统压力 $p_{p\alpha}$(N/m^3)为

$$\begin{aligned} p_{p\alpha} &= \frac{2\pi T_L}{\eta_{mt} q_m} + p_r + \sum\Delta p = \frac{2\pi M_{ks}}{\eta_{mt} q_m i \eta_L} + p_r + \sum\Delta p \\ &= \frac{2\pi r_k F_{ks}}{\eta_{mt}\eta_r\eta_L i q_m} + p_r + \sum\Delta p \text{（取 } F_{ks}=0.6F_\alpha\text{，作为单边系统阻力）} \\ &= \frac{1.2\pi r_k m_y g(f\cos\alpha_{max} + \sin\alpha_{max})}{\eta_{mt}\eta_L\eta_r i q_m} + p_r + \sum\Delta p \end{aligned} \tag{6-28}$$

$$p_{pmax} > p_{p\alpha} \tag{6-29}$$

即系统设定的最高压力 p_{pmax} 要大于最大爬坡度所决定的系统

压力。

4. 地面附着力校核

为保证摊铺机的作业质量，必须使机器能够无打滑，或打滑在控制的滑转范围内正常工作，在作业工况下的最大行驶阻力必须满足

$$\sum F_i < \frac{m_m g\varphi}{A_g} \tag{6-30}$$

式中：m_m——摊铺机不计悬挂部分（振捣熨平工作机构）的质量，kg；

φ——地面附着系数，$\varphi = 0.8 \sim 0.9$。

式(6-30) 主要校核摊铺机在作业工况下，且认为料斗中已接近无料情况下地面所能提供的有效牵引力，A_g 为附着条件决定的有效牵引力储备系数，一般取 $A_g = 2$。

6.2.3 驱动系统的速度特性

行驶驱动系统的速度特性指的是整车行驶速度与行驶变量泵输入电压之间的关系。该特性不仅是摊铺机作业性能的一个重要指标，而且是行驶控制系统初设计时的重要依据。

在绝大多数采用电液控制的摊铺机的行驶控制平台上，普遍设置有两个速度控制装置，一为速度预选旋钮，一为速度控制手柄。速度控制手柄是用来调节车辆行驶方向（前进/后退/停止）及速度大小无级调节的装置，其位置对应于输入行驶变量泵的电压（电流）的大小和极性。同时，速度控制手柄位于极限位置时所能提供的最大电压又受速度预选旋钮的限制和设定，也就是说速度预选旋钮的每一选定位置，决定着一个能够供给行驶变量泵的输入电压的最大值，从而决定了该状态下车辆所能达到的最大行驶速度。因此，一个重要的问题是，速度预选旋钮位于某一调定位置时，应该限定控制系统多大的输出电压，才能使得该状态下车辆的最大行驶速度与所调节速度相一致，即解决电压信号幅值与行车速度二者之间的对应关系。这一关系是建立在静态特性的基础上，对摊铺机行驶速度与控制电压作一个基本的预测或设计。

1. 基本假定

由于负载扭矩与速度特性之间的制约关系，在推导速度特性方程之前，先作如下假定：

（1）负载恒定不变，负载扭矩不发生突然的增大或减小。

（2）发动机转速恒定不变（在正常行驶状态下，发动机转速等于最大油门转速）。

（3）负载扭矩计算选用匀速行驶摊铺作业工况，公式涉及的各参数采用常用值。

2. 建立速度特性方程

在设计行驶控制系统时，行驶液压系统是已经给定且已知不变的，在行驶变量泵的技术资料中，可以得到泵排量 q_p 与输入电压 U 之间的变化关系，如图 6－6 所示。

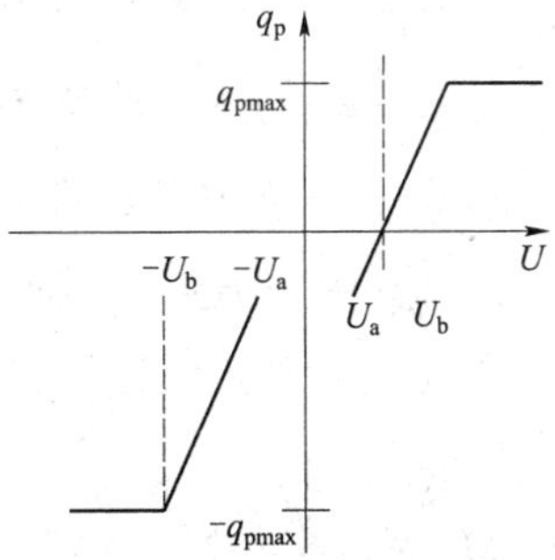

图 6－6　比例调节变量泵排量与输入电压之间的关系

由于曲线关于原点对称，故仅考虑曲线在第一象限的情况。调节段方程为

$$q_p = \frac{q_{pmax}}{U_b - U_a}(U - U_a) \tag{6-31}$$

式中：q_{pmax}——变量泵最大排量，m^3/r；

U_b——最大排量对应的电压值，V；

U_a——变量泵斜盘开始动作时的临界电压值，V。

由于变量机构的非线性，$U_a \neq 0$。

变量泵输出流量

$$Q_p = \frac{n_p q_p}{60} - C_{ip}(p_p - p_r) - C_{ep}p_p \tag{6-32}$$

式中：n_p——变量泵输入转速，r/min；

C_{ip}——泵的内部泄漏系数，$m^5/(N \cdot s)$；

C_{ep}——泵的外部泄漏系数，$m^5/(N\cdot s)$；

p_P——泵的出口压力，N/m^2；

p_r——低压管道补油压力（常数），N/m^2。

液压马达高压腔流量方程：

$$Q_m = \frac{n_m q_m}{60} + C_{im}(p_p - p_r) + C_{em}p_p \tag{6-33}$$

式中：n_m——马达的输出转速，r/min；

q_m——马达的排量（在所研究的问题中，q_m 有两个值），m^3/r；

C_{im}——马达的内部泄漏系数，$m^5/(N\cdot s)$；

C_{em}——马达的外部泄漏系数，$m^5/(N\cdot s)$。

根据流量的连续性，有

$$Q_p = Q_m \tag{6-34}$$

联立式(6-32)、式(6-33)、式(6-34)，并化简得

$$\frac{n_p q_p}{60} + (C_{ip} + C_{im})p_r = C_t p_p + \frac{n_m q_m}{60} \tag{6-35}$$

其中，$C_t = C_{ip} + C_{im} + C_{ep} + C_{em}$ 为泵和马达总泄漏系数之和。

这里，忽略了管道的泄漏和压力损失，认为泵的输出流量等于马达的输入流量，马达高压腔的工作压力等于泵的输出压力。

马达和负载的静态力矩平衡方程：

$$(p_p - p_r)\frac{q_m}{2\pi} = T_D + T_L \tag{6-36}$$

式中：T_L——作用于马达轴上的外负载扭矩，N·m；

T_D——马达阻尼扭矩（N·m），取 $T_D = B_m\omega_m = B_m\frac{2\pi}{60}n_m$，其中，$B_m$ 为马达黏性阻尼系数（N·m·s）。

联立式(6-35)、式(6-36)，消去中间变量，整理得

$$n_m = \frac{n_p q_m q_p - 60q_m p_r(C_{ep} + C_{em}) - 120\pi C_t T_L}{(q_m)^2 + (2\pi)^2 C_t B_m} \tag{6-37}$$

由式(6-22)得车辆行驶速度为

$$v=\frac{2\pi}{i}n_1r_k=\frac{2\pi n_m r_k}{i}(1-\delta_H) \tag{6-38}$$

合并式(6-37)、式(6-38)，得

$$v=\frac{2\pi r_k(1-\delta_H)}{60i}\cdot\frac{n_p q_m q_p-60q_m p_r(C_{ep}+C_{em})-120\pi C_t T_L}{(q_m)^2+(2\pi)^2C_tB_m} \tag{6-39}$$

得到速度特性方程

$$v=kU+b \tag{6-40}$$

式中：$k=k'\cdot n_p q_m q_{pmax}$

$$b=-k'\{n_p q_m q_{pmax}U_a+(U_b-U_a)\cdot[60q_m p_r(C_{ep}+C_{em})+120\pi C_t T_L]\}$$

而 $$k'=\frac{2\pi r_k(1-\delta_H)}{60i(U_b-U_a)[(q_m)^2+(2\pi)^2C_tB_m]}$$

这样，根据摊铺机作业工况和非作业工况下对应的马达排量 q_m 和负载扭矩 T_L，就可以得到两种工况各自的速度与电压幅值之间的函数关系。

3. 速度特性分析

从式(6-40)中可以看出，在计算假设下，行车速度与电压幅值之间呈良好的线性关系，这主要是变量泵排量直线性变化的缘故。图6-7所示为在马达排量不变时的速度特性曲线。

但在实际行驶中，外负载不可能是恒定不变的，负载的变化直接影响行车的速度，这一点从速度特性方程中可以看出。另外，对于容积调速回路，液压元件的泄漏是影响速度稳定性的另一因素。负载越大，回路中的压力温度越高，泄漏就越大，车速下降就越严重。总而言之，负载的

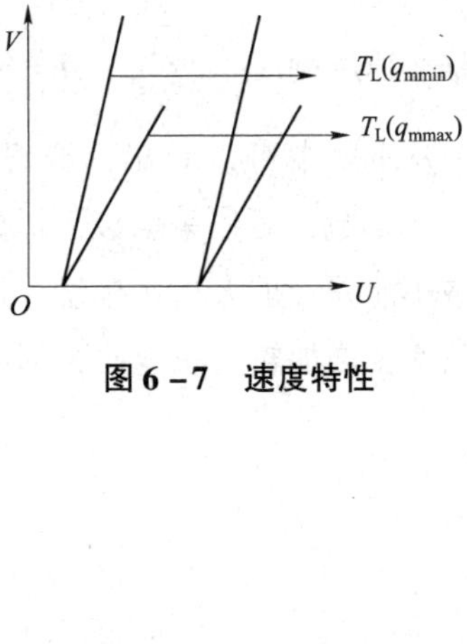

图6-7 速度特性

变化将造成速度值与电压值之间的不确定性。

但推导速度特性方程的初衷，是为了在系统设计时对车速与电压幅值之间的大致关系有一个了解。因为摊铺机在非作业工况下行驶时，对速度的精确性要求不高，行驶速度可以是变化的，也可以与预设值有一定的误差。而摊铺机在作业工况下行驶时，因引入闭环控制使得最终行驶速度与预设值相符且恒定不变。在这种意义下，式(6－40)的给出是具有使用价值的，它为控制系统设计中针对预选速度进行电压幅值的设定提供了参考。

4. 负载对行车速度的影响

为了定性分析负载变化对行车速度的影响，引入容积调速回路速度刚度的概念，速度刚度定义为

$$T=\frac{\partial M_{ks}}{\partial n_{m}} \tag{6-41}$$

式中：M_{ks}——履带驱动扭矩，也即外负载对驱动链轮施加的力矩。该参数表示容积调速回路中速度受负载影响的程度，亦即负载变化时系统阻抗速度变化的能力。由式(6－15）得

$$M_{ks}=\frac{q_{m}(p_{p}-p_{r})\ i}{2\pi}\eta_{mt}\eta_{L} \tag{6-42}$$

式中：η_{mt}——液压马达机械效率。

将式(6－35）代入上式，化简得

$$M_{ks}=\frac{iq_{m}\eta_{mt}\eta_{L}}{2\pi}\left(\frac{n_{p}q_{p}-n_{m}q_{m}}{60C_{t}}-\frac{C_{ep}+C_{em}}{C_{t}}p_{r}\right) \tag{6-43}$$

于是，速度刚度

$$T=-\frac{(q_{m})^{2}\eta_{mt}\eta_{L}i}{120\pi C_{t}} \tag{6-44}$$

从上式中可以看出，要想减小外负载变化对行车速度（马达转速）的影响，可以采取以下措施：提高元器件的制造精度和质量，从而减小泄漏；加大马达排量，即使用大排量马达；增大马达减速箱机械效率；增加轮边减速比，都可减小负载变化对行车速度的扰动。

6.3　全液压推土机行走液压系统设计

6.3.1　静压行驶驱动系统的性能匹配分析

当发动机与液压泵、液压马达组成一个传动系统后，该系统的综合性能不仅受发动机、液压泵、液压马达各组件本身性能的影响，而且还受到各部件性能参数之间是否合理匹配的制约，同时控制方式对系统的性能也有着特别重要的影响。为此，应从以下三个方面来分析液压传动系统的匹配情况。

1. 液压泵和马达性能参数的选择与匹配

在进行泵和马达性能参数之间的匹配时，首先应结合发动机性能和外负载特性来考虑，即液压参数的匹配首先应保证发动机－液压系统－外负载有最佳的动力性、经济性和生产率。其次要保证各液压元件有满意的工作寿命和可靠性。影响液压元件工作寿命的不可靠因素主要有：① 负荷特性，可采用降额匹配的方法来解决；② 元件的使用参数，即工作压力、转速、调量以及外负荷的匹配状态。在压力匹配时，确定机器的最大负荷压力和平均持续负载压力不超过元件的最高额定压力和标定压力。

转速匹配对泵来说一般将全排量最高转速与发动机最高转速匹配，而对变量马达来说考虑小排量时最高转速，有时也要考虑到马达低速时工作的稳定性。

液压泵和马达性能参数的选择与匹配是一个较复杂的过程，贯穿在整个系统的参数设计与性能匹配当中。

2. 液压泵和发动机参数匹配与控制

发动机与液压传动装置的匹配是要考虑到对于各作业工况不同的负荷要求，提出最适合于发动机和液压传动系统的最为合理的控制原理及装置，从而使发动机的转速及其输出扭矩能随外部负荷的变化而连续变化。并将发动机的实际工作点配置在相应转速下的最大功率输

出点和最佳节能点附近，保持较高的功率利用率及较低的燃油消耗。不考虑机械传动功率损失时发动机的匹配方程为

$$P_p(t) = P_{eo} \tag{6-45}$$

在发动机转速保持不变时，有

$$M_p(t) = M_{eo} \tag{6-46}$$

泵的吸收扭矩等于发动机最佳工作点的输出扭矩 M_{eo}，有

$$M_p(t) = p_p q_p \tag{6-47}$$

式中：p_p 取决于负载，当负载变化时，引起 p_p 和 $M_p(t)$ 的变化，当 $M_p(t)$ 偏离最佳工作点时，泵与发动机不匹配，通过调节泵的排量 q_p 以改变 $M_p(t)$，使得 $M_p(t)$ 始终近似满足式(6-45)，这就实现了泵与发动机的匹配。

由以上所提到的匹配方式出发，将工程车辆的发动机-液压传动装置-负荷看作一负荷驱动系统，提出最适合于发动机和液压传动系统的最为合适的控制方式。① 发动机恒功率控制。不论外界负荷扭矩的大小如何变化，都要将发动机输出轴扭矩控制为一定值，即通过液压传动系统的变换作用，使发动机定值扭矩适应变化的负荷的扭矩，若给定合适的负荷率，在这一工况下工作，则发动机转速不为外界负荷的变化所影响，功率利用情况最好。② 发动机变功率控制。据外界负荷扭矩的变化来控制调整发动机的转速，保证发动机的功率利用和燃油经济性对于外负载始终处于最佳状态。

通常为了更好地适应外负载的变化，保证系统的高效率，保证发动机的最佳匹配动力性和经济性，一般将两种控制方式结合使用，即根据外负荷的状况控制发动机转速的变化，然后通过调整泵的排量使其适应外负荷在该状况下的变化，从而使发动机在该转速下的功率得以充分发挥并且燃油经济性最好，实现发动机的恒功率控制和变功率控制。其原理及实现方案如图 6-8 所示。

在发动机与液压传动装置的性能参数进行良好的匹配以后，发动机合适的负荷率是其动力性、燃油经济性和液压系统效率最佳的必要

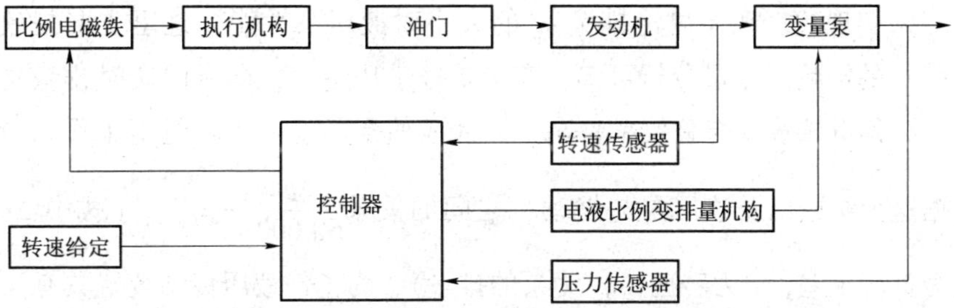

图 6－8　泵与发动机匹配实现方案框图

条件。通过对柴油机的负荷特性和万有特性曲线进行分析可知，在比较大的工作范围维持比较低的燃料消耗率，在 90%～100% 负荷率下燃料消耗率最低（在万有特性曲线上，扭矩外特性穿过低油耗区）。取推土机工作装置“满铲平均负荷”为额定负荷，该负荷功率大致与发动机 12 h 标定功率相等。因此，按 12 h 标定功率计，取 90%～100% 负荷率为发动机的最终控制目标值，既满足燃料消耗最小的要求，又保证了较高的功率利用率，同时又符合推土机实际使用条件下负荷工况的要求。目标值负荷率的确定如图 6－9 所示。其中曲线 1－2－3 就是理想的目标值负荷曲线。

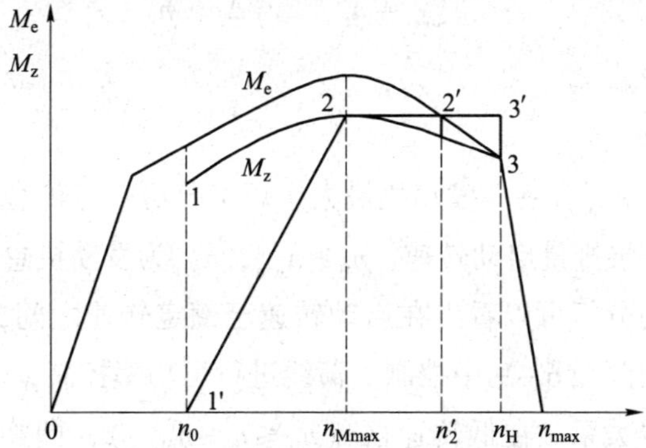

图 6－9　发动机扭矩外特性与目标值负荷率

M_e—发动机有效扭矩；M_z—负荷扭矩

根据前面所述，液压泵与发动机的合理匹配是通过调节泵的排量 q_p 来实现的。现在讨论排量 q_p 的大小对液压泵性能（这里主要是效率）的影响。通过分析可知，变量泵排量比越大，即泵的实时排量越大，其机械效率与总效率越高，因此应使泵尽量在大排量下工作。根据这个结论以及液压泵与发动机之间的关系 $\frac{\Delta p n q_p}{60\,000\eta_{pt}} = N_{eo}$（式中 Δp 为负荷压差，n 为转速，q_p 为泵的排量），为了使液压传动装置具有高的效率，且使发动机具有好的动力性和燃油经济性，就应选取发动机目标负荷率范围内最大的功率即各转速 n 时最大输出功率 N_{emax}（N_{emax} 为发动机调速特性对应之功率，是转速 n 的函数）为液压传动系统控制装置的目标值，若以负荷压差 Δp 作为传感量，则由式 $\frac{\Delta p n q_p}{60\,000\eta_{pt}} = N_{eo}$，有 $\frac{60\,000 N_{emax}\eta_{pt}}{\Delta p \cdot n} = q_p$。满足此关系的值就是液压传动装置的最佳工况。通常为了简化设计，在目标值负荷曲线图中，取曲线 1′－2－2′－3 或 1′－2－2′－3′为实际的目标值负荷曲线，这样所形成的泵的排量控制方法如下；

$$q_p = \begin{cases} 60\,000 \times \dfrac{0.9 N_{Mmax}(n - n_0)}{n_{Mmax} - n_0} \times \dfrac{\eta_{pt}}{\Delta p \cdot n} & n_0 \leqslant n \leqslant n_{Mmax} \\ q_{pmax} & n_{Mmax} < n \end{cases} \tag{6-48}$$

式中：N_{Mmax}，n_{Mmax}1——发动机最大扭矩工况功率与转速；

n_0——泵排量启动转速，$n_0 \geqslant n_{min}$，n_{min} 为发动机怠速转速。

由以上的分析可以看出在启动转速至额定转速之间，对应于任一转速，泵都按照图 6－9 中控制负荷线进行恒功率控制，表现为压力与排量成双曲线关系。在低转速区（$n_0 \leqslant n \leqslant n_{Mmax}$），即相应在图 6－9 中 1′－2 段上随着转速的升高泵排量增大，以使泵进入更高的扭矩点工作。

因为在实际工作中，推土机的发动机为了能够提供足够的驱动功率，都是在高转速下工作。所以现在着重讨论发动机转速在最大扭矩M_{max}对应转速n_{Mmax}时，泵根据外负荷的变化的调节原理。

当转速达到最大扭矩转速n_{Mmax}时，泵排量的调节就随着系统压力的变化按扭矩大小为M_{zmax}（$M_{zmax}=0.9M_{max}$）对应的双曲线变化。在转速区$n_{Mmax}<n<n'$（n'为发动机在高速区时，其扭矩曲线上等于M_{zmax}的点对应的转速）时即图6-9中2-2′段，泵排量的调节特性与在n_{Mmax}点完全相同，沿着M_{zmax}对应的双曲线变化。在转速区$n'<n<n_{max}$时，即图6-9中2′-3段，泵排量保持最大不变，由于控制装置缩小了发动机因外负荷波动引起的转速波动范围，系统的调整由发动机的调速外特性自身来完成。在整个高速区（$n_{Mmax}<n<n_{max}$），泵的具体的工作点取决于外负荷压力。泵的负荷特性曲线如图6-10所示。

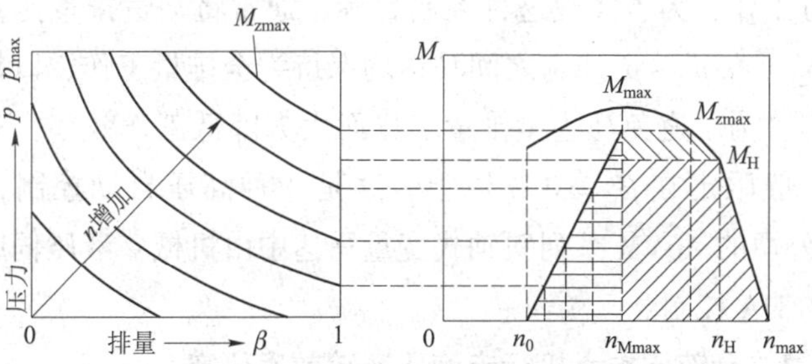

图6-10 液压泵的负荷控制特性曲线

按照这样的调节方式形成的控制装置具有如下特点：① 极大扩展了发动机的工作能力。② 控制装置根据外负荷变化自动调整泵的排量与之适应，保证了不使发动机超载又不因负荷率降低而浪费功率，提高了功率利用率和燃油经济性。③ 由于泵排量根据外载荷自动调整，因此发动机的工作基本保持稳定。

按以上控制方式进行行走机械液压驱动系统自动控制的装置目前常用的主要有电动比例控制和机械-液压伺服控制两种。德国 Rexroth

公司的 A4VG 系列液压泵中的 EP 控制属于电动比例控制，意大利 SAM 公司 HCV 系列液压泵的 HVA 控制，德国 Linde 公司 BPV 系列液压泵中的 Au 控制等均属于机械 - 液压伺服控制方式。

3. 液压马达驱动方式选择与控制

为满足牵引车辆的特殊工况的需要，一般选用高压自动变量马达。对其任何控制方式的要求为：第一，应使马达和液压系统多数时间内在较高的中高压范围内工作，压力范围为 $(0.5\sim1.2)p_H$，使元件的工作能力得以充分发挥，成本适宜且有足够的寿命；第二，应使马达和车辆对负荷变化有自适应能力，小负荷时高速工作以提高作业生产率，大负荷时低速工作以提高牵引能力。

满足以上条件的控制的原理是根据负荷压力的变化来调节马达的排量，当外负荷有较大变化时系统的工作压力只有较小的变化，从而使液压泵和发动机始终在各自的额定工况附近工作，液压马达在额定压力附近工作，为了实现这种控制目标，通常将马达排量比 $\beta_m=1$ 的点选为 p'_H，在 $p'_H\sim p'_m$ 压力之间马达均保持为全排量工作，以提供足够的牵引力，为了避免马达小排量工作而大大降低工作效率，马达的最小排量一般限定在 $\beta_m=0.3$ 以上。这是一种高压自动控制，如德国 Rexroth 公司的 A6VM 系列斜轴式变量马达中由机械 - 液压伺服控制方式实现的 HA 控制。

6.3.2 全液压推土机行走液压系统效率研究

全液压推土机的液压系统为双泵双马达系统，因此研究液压系统的效率主要是研究变量泵的效率和变量马达的效率。随着外负载的变化，泵、马达的排量和压力差也发生变化，从而效率也随之变化。本文主要研究泵 - 马达系统的效率与其排量及压力差的变化关系，并力求用公式表示出它们的内在相关性。

液压系统效率的理论计算与分析如下：

1. 变量泵的效率计算与分析

变量泵的容积效率 η_{pv} 和机械效率 η_{pt} 有如下形式：

$$\eta_{pv}=1-C_s\frac{60\Delta p}{\mu n}\frac{1}{\beta} \tag{6-49}$$

$$\eta_{pt}=\frac{1}{1+C_v\frac{\mu n}{60\Delta p}\frac{1}{\beta}+C_f\frac{1}{\beta}+\frac{2\pi T_c}{\Delta p q_{pmax}}\frac{1}{\beta}} \tag{6-50}$$

$$\eta_p=\eta_{pv}\cdot\eta_{pt} \tag{6-51}$$

式中：C_s——层流泄漏系数；

Δp——进出口压差，N/m^2；

n——泵转速，r/min；

μ——油液动力黏度，$N\cdot s/m^2$；

β——泵排量比；

q_{pmax}——泵全排量，cm^3；

C_v——层流阻力系数；

C_f——机械阻力系数；

T_c——与进出口压差和转速无关的扭矩损失，N·m。

又由于

$$v=1.2\times10^{-1}\pi r_d\eta_c\eta_{pv}\eta_{mv}n_p q_p(1-\delta)/(q_m i_M) \tag{6-52}$$

$$\beta=q_p/q_{pmax} \tag{6-53}$$

把式(6-52)代入式(6-53)，可得

$$\frac{1}{\beta}=\frac{1.2\times10^{-1}\pi r_d\eta_c\eta_{pv}\eta_{mv}n_p q_{pmax}(1-\delta)}{q_{mmax}i_M v} \tag{6-54}$$

取管路效率 $\eta_c=0.95$；泵的容积效率 $\eta_{pv}=0.95$；马达的容积效率 $\eta_{mv}=0.95$；泵的转速 $n_p=2\ 200$ r/min；滑转率 $\delta=0$；马达最大排量 $q_{mmax}=200\ cm^3$；泵最大排量 $q_{pmax}=125\ cm^3$；终端传动比 $i_M=64$；动力半径 $r_d=0.43$；代入式(6-49)和式(6-50)得

$$\eta_{pv}=1-\frac{2.98C_s}{v}\left(\frac{60\Delta p}{\mu n}\right) \tag{6-55}$$

$$\eta_{pt}=\frac{1}{2.98\left[1+C_v\left(\frac{\mu n}{60\Delta p}\right)+C_f+\left(\frac{2\pi T_c}{\Delta p q_{pmax}}\right)\right]}v \tag{6-56}$$

综合式(6－55)、式(6－56) 可以绘出泵的总效率曲线，如图6－11所示。

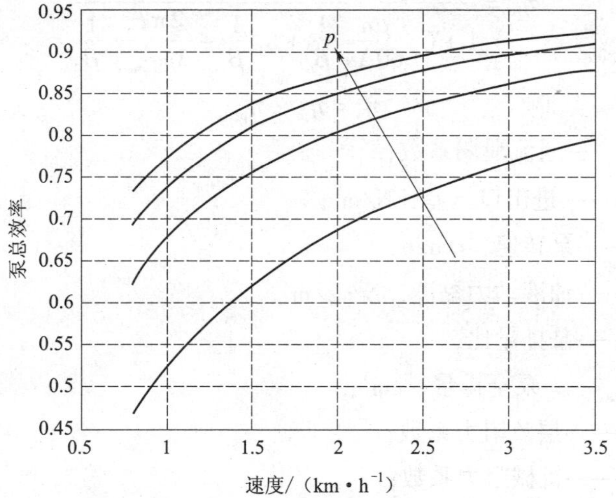

图6－11　变量泵的效率曲线

图6－11是马达在最大排量保持不变（同时认为马达的传动效率不变）的情况下绘出的。从图中可看出，泵的传动效率随着推土机作业速度的增大（泵的排量的增大）而增大，随着系统工作压力的增大而增大。另外从图中还可以看出，为了使泵始终在效率大于75%工况下工作，泵必须在中高压工作，且车辆行驶速度应该大于1 km/h，也就是说其工作时排量比应该大于0.25。

2. 马达的理论效率分析

液压马达的容积效率 η_{mv} 和机械效率 η_{mt} 和总效率 η_m 表达式如下：

$$\eta_{mv}=\frac{1}{1+C_s\Delta p/(\mu n)} \tag{6-57}$$

$$\eta_{mt}=1-C_f-C_v\mu n/\Delta p \tag{6-58}$$

$$\eta_m=\eta_{mv}\eta_{mt} \tag{6-59}$$

式中符号代表含义同上。

图6－12是使泵在最大排量保持不变（认为泵的传动效率不变）的情况下做出的变量马达的效率与速度和压力的变化曲线。从图中可看出，马达的传动效率随着推土机作业速度的增大（马达的排量的减小）而减小，随着系统工作压力的增大而增大。减小排量，马达效率降低，特别是小排量低转速区效率偏低，工作能力变弱。因此对马达进行排量控制时应该使其工况为：负荷增大时马达为大排量低转速，负荷减小时为小排量高转速。

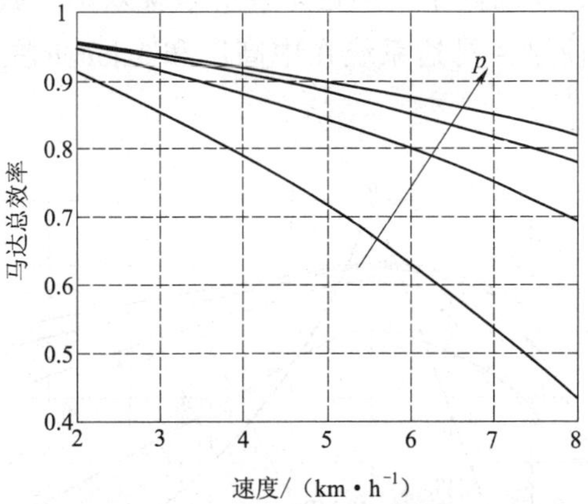

图6－12　变量马达的效率曲线

3. 系统总效率

液压闭式系统的总效率 η 等于系统各部分效率之积，即

$$\eta = \eta_p \eta_m \eta_c \qquad (6-60)$$

式中：η_p——泵的总效率；

η_m——马达总效率；

η_c——管路效率。

综合泵、马达效率公式，绘制的泵－马达系统的理论总效率如图6－13所示。

图6－13是变量泵和变量马达在整个调速过程中，泵和马达的总效率随推土机行驶速度的变化情况。它是根据图6－11、图6－12做

出的。*ab* 段为泵的排量变化与推土机速度的变化关系，*bc* 段为马达的排量的变化与推土机速度的变化关系。在整个速度的变化过程中，没有考虑管路的压力流量损失以及机械传动部分的效率，如果按系统管路效率 $\eta_c = 0.9$，机械传动部分 $\eta_M = 0.8$（考虑滑转的影响）计算，从图 6－13 中得到，在额定工况下（行驶速度为 1.5 km/h，系统工作压力为 28.7 MPa）泵马达的总传动效率为 $\eta_m = 0.84$，则在额定工况下整个系统的总传动效率 $\eta = 0.6$。此效率明显偏低。为了使整个系统的效率达到标准，要提高泵－马达系统的系统效率。通过以上分析可以看出，应该使泵－马达系统在中高压和 3 km/h 左右的速度区工作。

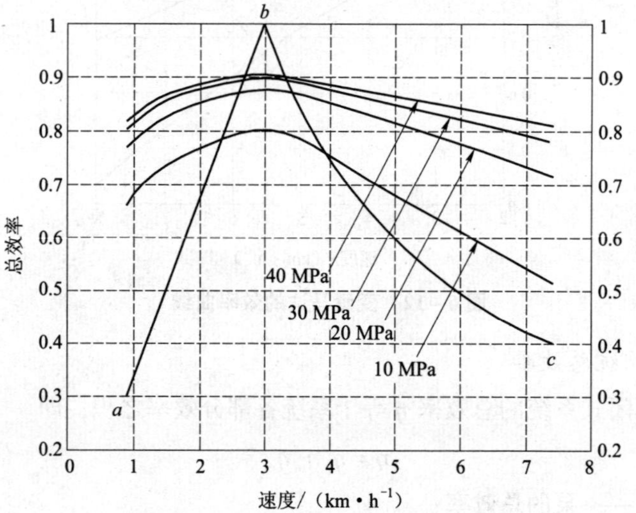

图 6－13　泵－马达系统理论效率曲线

4．*效率的实验分析*

根据 REXROTH 提供的实验数据，截取其中部分，如表 6－1 和表 6－2所示。我们利用 MATLAB 拟合了一组计算泵和马达总效率的公式，式(6－61)～式(6－69) 为泵和马达的总效率（考虑机械效率和容积效率）的计算公式，其中式(6－61)～式(6－63) 分别为泵在发动机转速为 2 200 r/min、2 000 r/min 和 1 700 r/min、泵最大排量 q_{pmax} 为 125 cm^3 下的总效率计算公式；式(6－64)～式(6－66)分别为马达在发动机转速为 2 200 r/min、2 000 r/min 和 1 700 r/min、泵为全排量、马达最大排量 q_{mmax} 为 107 cm^3 下的总效率计算公式；式(6－67)～式(6－69)分别为马达在发动机转速为 2 200 r/min、2 000 r/min 和 1 700 r/min、泵为全排量、马达最大排量 q_{mmax} 为 200 cm^3 下的总效率计算公式。

表 6－1　柱塞变量泵效率实验值部分数据表　　%

n	Δp	$0.3\times V_{gmax}$			$0.4\times V_{gmax}$			$0.6\times V_{gmax}$			$0.8\times V_{gmax}$			$1.0\times V_{gmax}$		
$r\cdot min^{-1}$	MPa	η_v	η_m	η	η_v	η_m	η	η_v	η_m	η	η_v	η_m	η	η_v	η_m	η
2 200	10	97.8	74.6	73.0	98.1	78.8	77.3	98.4	84.7	83.3	98.5	87.3	86.0	98.6	87.6	86.4
	20	94.1	83.2	78.3	95.2	86.3	82.2	96.3	91.1	87.7	96.9	93.5	90.6	97.2	94.8	92.1
	30	88.6	87.6	77.6	91.1	89.5	81.5	93.4	93.3	87.1	94.6	95.5	90.3	95.3	96.3	91.8
	40	81.6	91.3	74.5	85.8	91.6	78.6	89.9	94.3	84.8	91.8	96.1	88.2	93.0	96.3	89.6
2 000	10	97.7	75.7	74.0	98.0	79.6	78.0	98.3	85.3	83.8	98.5	88.3	87.0	98.6	89.8	88.5
	20	93.7	83.5	78.2	95.0	86.5	82.2	96.2	91.2	87.7	96.8	93.9	90.9	97.1	95.7	92.9
	30	87.9	87.7	77.1	90.6	89.5	81.1	93.1	93.3	86.9	94.3	95.7	90.2	95.1	96.8	92.1
	40	80.4	91.4	73.5	84.9	91.5	77.7	89.3	94.3	84.2	91.4	96.2	87.9	92.7	96.	89.6
1 800	10	97.5	76.9	75.0	97.9	80.4	78.7	98.3	85.9	84.4	98.4	89.2	87.8	98.6	91.3	90.0
	20	93.2	83.7	78.0	94.6	86.6	81.9	96.0	91.4	87.7	96.6	94.3	91.1	97.0	96.2	93.3
	30	87.0	87.7	76.3	89.9	89.3	80.3	92.6	93.3	86.4	94.0	95.8	90.1	94.8	97.1	92.1
	40	78.9	91.2	72.0	83.8	91.3	76.	88.6	94.2	83.5	90.9	96.2	87.4	92.2	969	89.3

表 6－2　柱塞变量马达效率实验值部分数据表　　%

n	Δp	$0.3\times V_{gmax}$			$0.4\times V_{gmax}$			$0.6\times V_{gmax}$			$0.8\times V_{gmax}$			$1.0\times V_{gmax}$		
$r\cdot min^{-1}$	MPa	η_v	η_m	η	η_v	η_m	η	η_v	η_m	η	η_v	η_m	η	η_v	η_m	η
2 200	10	94.1	69.4	65.3	97.5	81.5	79.5	98.1	88.4	86.7	98.8	85.6	84.6	99.1	80.6	79.9
	20	89.6	83.4	74.7	94.9	90.9	86.3	96.7	93.5	90.4	97.8	93.3	91.2	98.5	90.1	88.7
	30	83.3	85.7	71.4	91.7	92.4	84.7	94.7	94.1	89.1	96.8	94.8	91.8	97.8	92.7	90.7
	40	76.6	88.9	68.1	87.7	91.2	80.0	92.9	93.1	86.5	958	94.0	90.1	97.1	93.6	90.9

续表

n	Δp	0.3×V_{gmax}			0.4×V_{gmax}			0.6×V_{gmax}			0.8×V_{gmax}			1.0×V_{gmax}		
r·min⁻¹	MPa	η_v	η_m	η	η_v	η_m	η	η_v	η_m	η	η_v	η_m	η	η_v	η_m	η
2 000	10	94.5	69.3	65.5	97.7	79.7	77.9	98.2	86.8	85.2	98.8	83.5	82.5	99.2	76.6	76.0
	20	90.2	83.9	75.7	95.4	90.0	85.9	96.9	92.4	89.5	98.0	91.9	90.1	98.5	88.0	86.8
	30	84.3	86.2	72.7	92.5	92.0	85.1	94.9	93.3	88.5	97.1	93.6	90.9	97.9	91.3	89.4
	40	78.0	89.5	69.8	88.9	91.1	81.0	93.2	92.6	86.3	96.2	92.9	89.4	97.3	92.7	90.2
1 800	10	94.1	69.4	65.3	97.5	81.5	79.5	98.1	88.4	86.7	98.8	85.6	84.6	99.1	80.6	79.9
	20	89.6	83.4	74.7	94.9	90.9	86.3	96.7	93.5	90.4	97.8	93.3	91.2	98.5	90.1	88.7
	30	83.3	85.7	71.4	91.7	92.4	84.7	94.7	94.1	89.1	96.8	94.8	91.8	97.8	92.7	90.7
	40	76.6	88.9	68.1	87.7	91.2	80.0	92.9	93.1	86.5	95.8	94.0	90.1	97.1	93.6	90.9

$$\eta_{p1} = (\Delta p^2 \quad \Delta p \quad 1)\begin{pmatrix} -0.000\,3 & 0.000\,4 & -0.000\,3 \\ 0.017\,5 & -0.023\,1 & 0.016\,4 \\ -0.508\,3 & 0.850\,9 & 0.434\,6 \end{pmatrix}(\beta_p^2 \quad \beta_p \quad 1)^T \tag{6-61}$$

$$\eta_{p2} = (\Delta p^2 \quad \Delta p \quad 1)\begin{pmatrix} -0.000\,2 & 0.000\,3 & -0.000\,3 \\ 0.008\,8 & -0.012\,7 & 0.012\,7 \\ -0.354\,8 & 0.674\,6 & 0.495\,1 \end{pmatrix}(\beta_p^2 \quad \beta_p \quad 1)^T \tag{6-62}$$

$$\eta_{p3} = (\Delta p^2 \quad \Delta p \quad 1)\begin{pmatrix} -0.000\,1 & 0.000\,2 & -0.000\,2 \\ 0.002\,8 & -0.004\,8 & 0.009\,3 \\ -0.252\,2 & 0.547 & 0.548 \end{pmatrix}(\beta_p^2 \quad \beta_p \quad 1)^T \tag{6-63}$$

$$\eta_{m1} = (\Delta p^2 \quad \Delta p \quad 1)\begin{pmatrix} -0.001\,3 & 0.001\,8 & -0.001 \\ 0.107 & -0.148 & 0.073\,4 \\ -2.42 & 3.59 & -0.735 \end{pmatrix}(\beta_m^2 \quad \beta_m \quad 1)^T \tag{6-64}$$

$$\eta_{m2} = (\Delta p^2 \quad \Delta p \quad 1)\begin{pmatrix} -0.001\ 55 & 0.001\ 84 & -0.000\ 943 \\ 0.096\ 5 & -0.15 & 0.07 \\ -2.27 & 3.6 & -0.681 \end{pmatrix}(\beta_m^2 \quad \beta_m \quad 1)^T \tag{6-65}$$

$$\eta_{m3} = (\Delta p^2 \quad \Delta p \quad 1)\begin{pmatrix} -0.000\ 855 & 0.001\ 51 & -0.000\ 83 \\ 0.069\ 5 & -0.116 & 0.058\ 4 \\ -1.62 & 2.72 & -0.362 \end{pmatrix}(\beta_m^2 \quad \beta_m \quad 1)^T \tag{6-66}$$

$$\eta_{m4} = (\Delta p^2 \quad \Delta p \quad 1)\begin{pmatrix} -0.000\ 94 & 0.001\ 52 & -0.000\ 757 \\ 0.066\ 6 & -0.104 & 0.048\ 4 \\ -1.71 & 2.68 & -0.234 \end{pmatrix}(\beta_m^2 \quad \beta_m \quad 1)^T \tag{6-67}$$

$$\eta_{m5} = (\Delta p^2 \quad \Delta p \quad 1)\begin{pmatrix} -0.000\ 725 & 0.001\ 31 & -0.000\ 838 \\ 0.051\ 3 & -0.089\ 2 & 0.050\ 9 \\ -1.44 & 2.44 & 1.22 \end{pmatrix}(\beta_m^2 \quad \beta_m \quad 1)^T \tag{6-68}$$

$$\eta_{m6} = (\Delta p^2 \quad \Delta p \quad 1)\begin{pmatrix} -0.000\ 31 & 0.000\ 74 & -0.000\ 578 \\ 0.023\ 5 & -0.051\ 8 & 0.036 \\ -0.948 & 1.78 & -0.004\ 25 \end{pmatrix}(\beta_m^2 \quad \beta_m \quad 1)^T \tag{6-69}$$

式中：η_{p1}，η_{p2}，η_{p3}——泵（$q_{pmax}=125\ cm^3$）分别在 $n_e=2\ 200$ r/min、$n_e=2\ 000$ r/min、$n_e=1\ 700$ r/min 下的效率；

η_{m1}，η_{m2}，η_{m3}——马达（$q_{mmax}=107\ cm^3$）分别在 $n_e=2\ 200$ r/min、$n_e=2\ 000$ r/min、$n_e=1\ 700$ r/min 下的效率；

η_{m4}，η_{m5}，η_{m6}——马达（$q_{mmax}=200\ cm^3$）分别在 $n_e=2\ 200$ r/min、$n_e=2\ 000$ r/min、$n_e=1\ 700$ r/min 下的效率；

β_p——泵的排量比；

β_m——马达的排量比；

Δp——系统压力差（$\Delta p_p = \Delta p_m = \Delta p$），MPa。

图6-14给出的是根据式(6-58)、式(6-61)绘制的泵-马达系统的效率曲线，其中 $q_{pmax} = 125\ cm^3$，$q_{mmax} = 107\ cm^3$，$n_e = 2\ 200\ r/min$。图中考虑了管路损失，并将泵排量的变化转化为推土机的速度变化，得到的是速度和总效率的关系图。

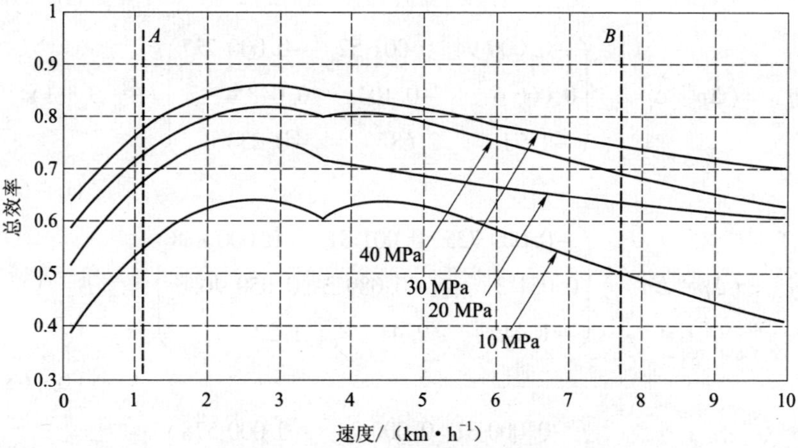

图6-14　泵-马达系统实验效率曲线

比较图6-13和图6-14，可以看出：图6-13中效率随着压力的增加而增加；图6-14中在一定范围内，效率随压力的增加而增加，但是增加到30 MPa的时候又回落，也就是说压力最大值处于30 MPa左右。

分析图6-14，可以看出：在车辆的速度低于1.1 km/h和大于7.8 km/h时，系统的效率很低。为了使系统的效率大于70%，应尽量使推土机在 $A-B$ 区间段工作，也就是车辆行驶速度范围为1.1~7.8 km/h。通过计算，这个范围对应于液压系统应该在泵排量比 $\beta_p >0.3$、马达的排量比 $\beta_m >0.4$ 工况下工作。所以，这可以为我们控制目标的制订提供一定的参考依据。

通过以上分析，综合考虑转速、压力和排量（排量对作业速度有重要影响），对效率的影响得出以下结论：

（1）压力对泵、马达效率的影响比较明显，在中高压区具有较高效率。因此进行泵工作压力配置时除了从工作寿命（可靠性）和功率利用率角度考虑，还应该尽量使泵、马达在高压区范围内工作，以使系统获得较高的效率。工程车辆的负荷额定压力取 $0.6p_m$ 左右，负荷最高压力为 $0.8p_m$ 左右，负荷最低压力为 $0.2p_m$ 以上。对于全液压推土机来说，液压系统平均压力在牵引工况时为 21.07 MPa，载荷工况时为 18.17 MPa。平均为 19.62 MPa，按照 2/3 的降额配置原则的话，液压系统额定压力应该选为 29.43 MPa，负荷的最高压力为 39.23 MPa。

（2）对液压系统的效率而言，理论计算值和实验测算值有一定的偏差。这些偏差在曲线上主要表现在：理论效率计算值随系统压力的增大而增大，在最高压力 40 MPa 时得到效率的最大值，对应的曲线在最上方，根据实验数据得到的效率值也是随压力的增大而增大，增大到 28.5 MPa 左右得到效率最大值，然后随着压力的增大而减小；效率曲线是依据随着速度的增大先调泵再调马达绘制的，在泵调到最大排量开始下调马达的排量的拐点处附近，理论效率曲线是一个上凸的波峰，即泵和马达同时处在最大排量的工作点就是液压系统的最大效率点，可是实验效率曲线在拐点处附近是一个下凹的波槽，说明泵－马达系统在泵－马达同时最大排量的时候效率不是最大，最大效率点偏离泵、马达的同时最大排量点。

（3）利用多而全的实验数据，报告拟合出了一系列的效率计算公式，可以根据实际需要，计算得到不同型号的泵和马达在不同转速、压力和排量下的效率值，方便了设计，具有一定的实用性和通用性。

（4）液压泵总效率 η_p 随车辆行驶速度 v 增大而增大，其实也就随排量比 β_p 增大而增大；马达的总效率 η_m 正好相反，减小排量，η_m 降低，特别是小排量低转速区效率偏低，工作能力变弱，因此对马达进行排量β_m控制时应该使其工况为：负荷增大时马达为大排量低转速，负荷减小时为小排量高转速。因此泵的变量范围最好控制在$\beta_p=0.3\sim1$范围内以使泵的总效率高于75%，马达应该控制在$\beta_m=0.4\sim1$范围内工作；泵排量比$\beta_p=0.25\sim0.5$的范围（总效率为$0.6\sim0.75$）仅用于车辆要求的特殊的低速工作，而β_p在0.25以下的区域仅作为起步、加速的过渡过程而不用于正常作业。由于全液压推土机使用的是多级变速马达，随着负载的大小自动调节马达的排量。但最大排量时马达也要求有一个最低的稳定转速，而这一转速实际使用时受泵的流量和作业速度所限定。

第七章　工程车辆辅助液压系统设计

7.1　工程车辆闭式液压系统污染控制新技术

目前，工程车辆的行走装置和工作装置广泛采用液压系统作为传动方式，其中，闭式液压系统主要应用于自行式工程车辆的行走机构和大型工程车辆的工作装置上，如三一重工的全液压平地机和全液压堆高机均采用闭式液压系统进行行走装置的驱动，大吨位履带起重机的起升机构和回转机构也采用闭式液压系统进行驱动。闭式液压系统具有传动平稳、结构紧凑、传动效率高等优点，但对液压系统的污染控制要求较高。行走机械典型的闭式液压系统如图 7－1 所示。

1. 开式系统与闭式系统的比较

与闭式液压系统相对应的是开式液压系统，对于开式液压系统，在系统运行过程中，由液压元件组成的传动系统和液压油箱之间是串联的，共同构成液压油的循环油路，液压油过滤器一般安装在液压泵的吸油口（吸油过滤器）、出油口（高压过滤器）或液压油箱的回油口（回油过滤器），这样过滤器的安装位置都是系统运行过程中液压油的必经之路，所以，开式液压系统的液压油都是完全过滤的。同时，由于开式液压系统的液压油箱的容积较大，液压油从传动系统回到油箱后不会立即又进入传动系统工作，所以，液压油箱也有一定的沉淀和吸纳污染物的作用。图 7－2 所示为开式液压系统原理。

但是，闭式液压系统却难以做到液压油的完全过滤，这是由闭式液压系统的结构和运行特性决定的。闭式液压系统的液压原理如图 7－3 所示。

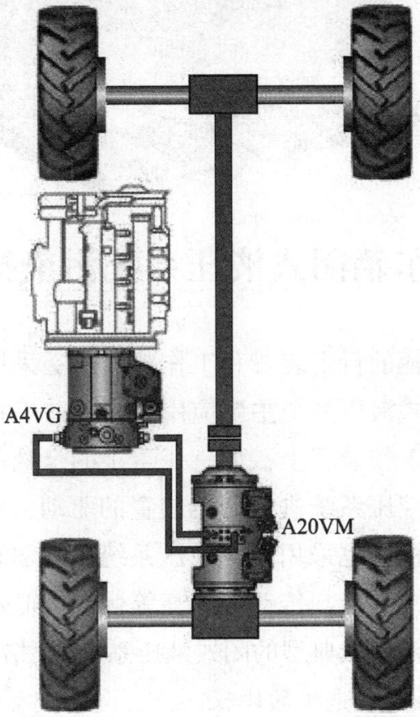

图 7-1　行走机械典型的闭式液压系统

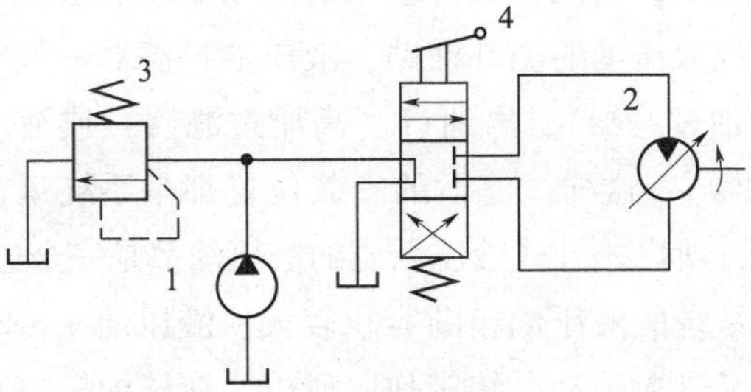

图 7-2　开式液压系统原理

1—液压泵；2—液压马达；3—溢流阀；4—手动换向阀

由图 7-3 可见，闭式液压系统的结构和运行特性与开式液压系统相比有两个显著不同特点：

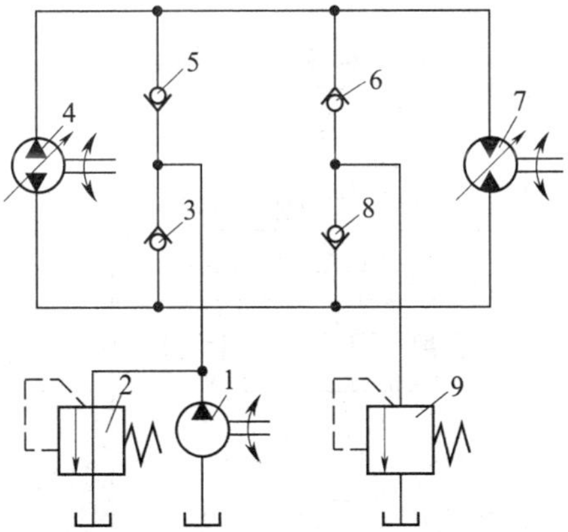

图 7－3　闭式液压系统原理

1—液压泵；2，9—溢流阀；3，5，6，8—单向阀；4—变量泵；7—液压马达

（1）闭式液压系统有两个流量循环回路：主液压泵和液压马达之间构成系统的工作回路；补油泵和补油单向阀、冲洗阀、液压油箱之间构成开式补油回路。

（2）闭式液压系统的流量方向不唯一：由于主工作回路采用了双向变量泵和双向液压马达，所以在主回路中，液压油的流动方向可能是正向的，也可能是反向的。

在主循环回路中，由于液压油的流动方向不唯一，所以，在该回路的任何位置都不能设置过滤器，因此也无法像开式液压系统一样进行完全过滤。

补油回路相当于一个开式液压回路，可以在此回路中设置过滤器，但这样设置的过滤器对主回路的污染控制能力很低，因为补油回路的流量一般只占主回路流量的 25% 左右，还有大部分的液压油是得不到过滤的。

2. *闭式液压系统的新过滤技术*

目前，各种工程机械的闭式液压系统过滤大多采用了补油回路过滤方案，如图 7－4 所示。

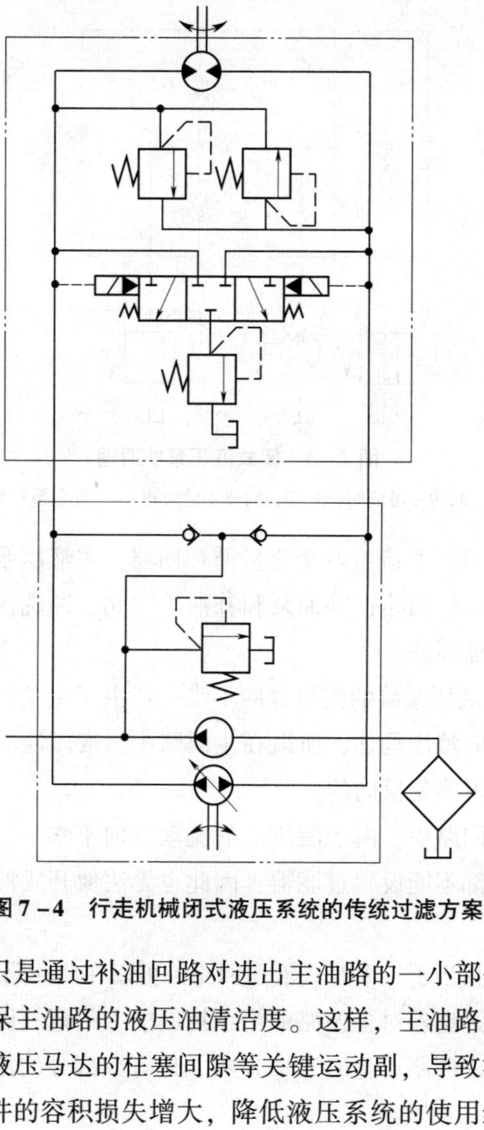

图 7-4　行走机械闭式液压系统的传统过滤方案

这种方案只是通过补油回路对进出主油路的一小部分流量进行了过滤，不能确保主油路的液压油清洁度。这样，主油路中的污染物会磨损液压泵和液压马达的柱塞间隙等关键运动副，导致液压系统效率降低，液压元件的容积损失增大，降低液压系统的使用经济性和使用寿命。

为了克服上述补油回路过滤方式的缺点，我们开发了一种针对闭式液压系统的完全过滤方案，在行走机构的闭式液压系统上装机试验和测试，对液压系统的污染控制取得显著效果。这种闭式液压系统的完全过滤方案如图 7－5 所示。

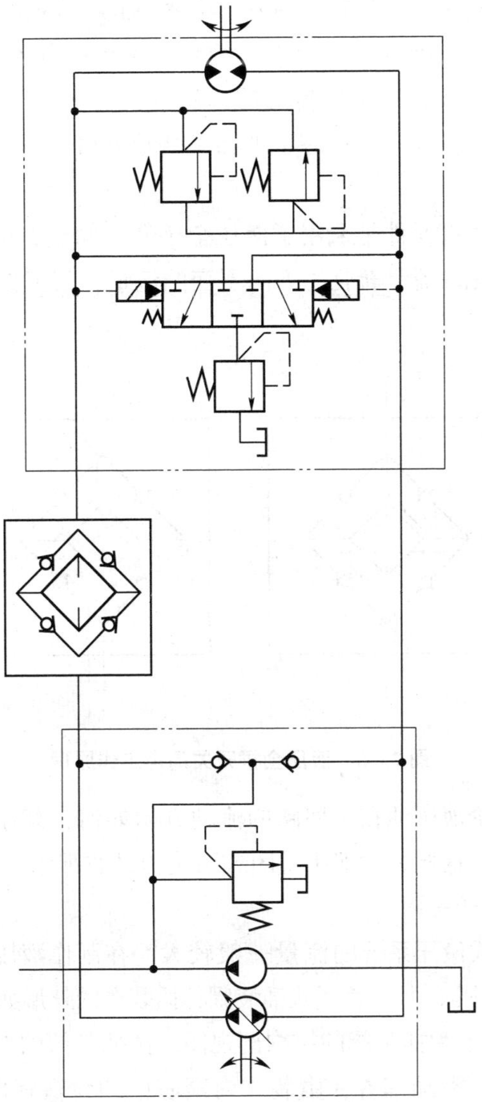

图 7－5　行走机械闭式液压系统的新过滤方案

由图 7 - 5 可见，闭式系统的完全过滤方案的主要区别是在主回路中增加了液压全桥开关阀组和过滤器。液压全桥开关阀组的作用是将方向交替变化的液压流量转化为方向不变的液压流量。

对闭式液压系统进行完全过滤的难点主要是其流量方向不一定，正向和反向交替，如果采用传统的过滤方案，当液压油反向流动时，流量会将附着在过滤器的滤芯上的污染物重新带入液压系统，根本起不到过滤作用。

本设计的关键元件是采用了液压全桥开关阀组，该阀组的作用是将方向交替变化的流量转化为方向不变的流量，其工作原理如图 7 - 6 所示。

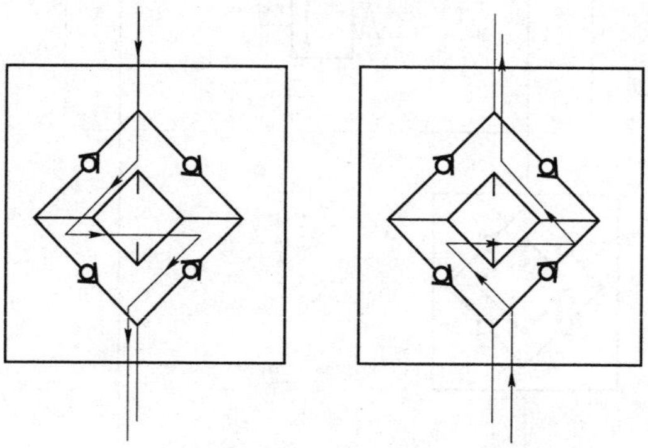

图 7 - 6　液压全桥开关阀组工作原理

可见，无论液压油在主回路的流动方向如何，其流经过滤器的方向总是不变的。这样，就解决了闭式系统的过滤难题。

3. 盖板式开关阀

考虑到闭式液压系统的流量一般较大，在制作液压全桥开关阀组时，四个开关阀全部采用盖板式插装阀，插装阀的外形如图 7 - 7 所示。

图 7 - 8 所示为插装阀的结构剖视图。由插装阀的剖视图可见，该阀具有内外两个滑动部件，由装在内阀芯中的弹簧将内外阀芯压紧，当端面油口有压力时，内阀芯动作，处于开启状态；反之则处于关闭状态。

图7－7　盖板式插装阀外形图

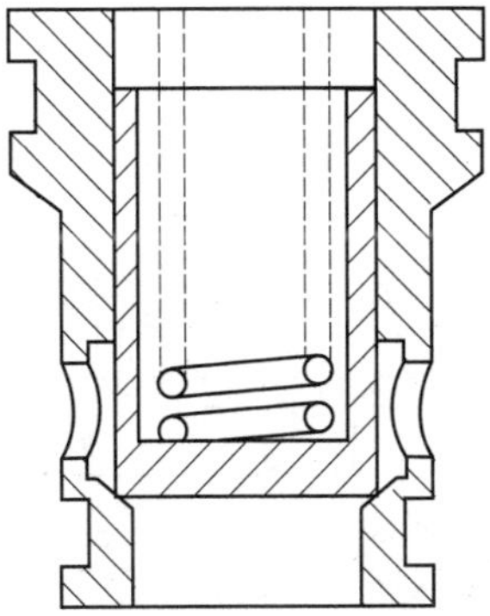

图7－8　盖板式插装阀剖视图

盖板式插装阀的动作响应特性较好，能够快速开启和闭合；泄漏量很小，甚至可以做到零泄漏；由于盖板式插装阀的结构特点，其通流能力较大。这样设计的阀组，不需要专用的设备和刀具，其加工难度较小，阀组成本较低，性能可以满足主机的使用要求，而且易于装配和维修，是一种较为理想的技术方案。

7.2　工程车辆液压底盘散热系统设计

工程车辆是指用于工程施工、特种作业等的专用车辆。如果工程车辆的行驶驱动系统采用液压传动，则工程车辆的行驶采用液压系统。该液压系统包括液压泵和液压马达。典型的液压驱动的工程车辆的行驶系统原理如图7－9所示，该系统具有前进、后退、行驶、制动等功能。该系统的缺点是散热能力差。特别是车辆下长坡时，长时间处于液压制动状态，系统发热量很大，却不能及时散热。特别是当车辆的刹车系统不能及时散热时，有可能导致刹车失灵，导致车祸。

针对现有工程车辆的行驶驱动系统的缺点，本文提出了一种新型的液压行驶驱动系统，在传统系统的基础上增加了散热装置，能够对刹车系统进行散热。

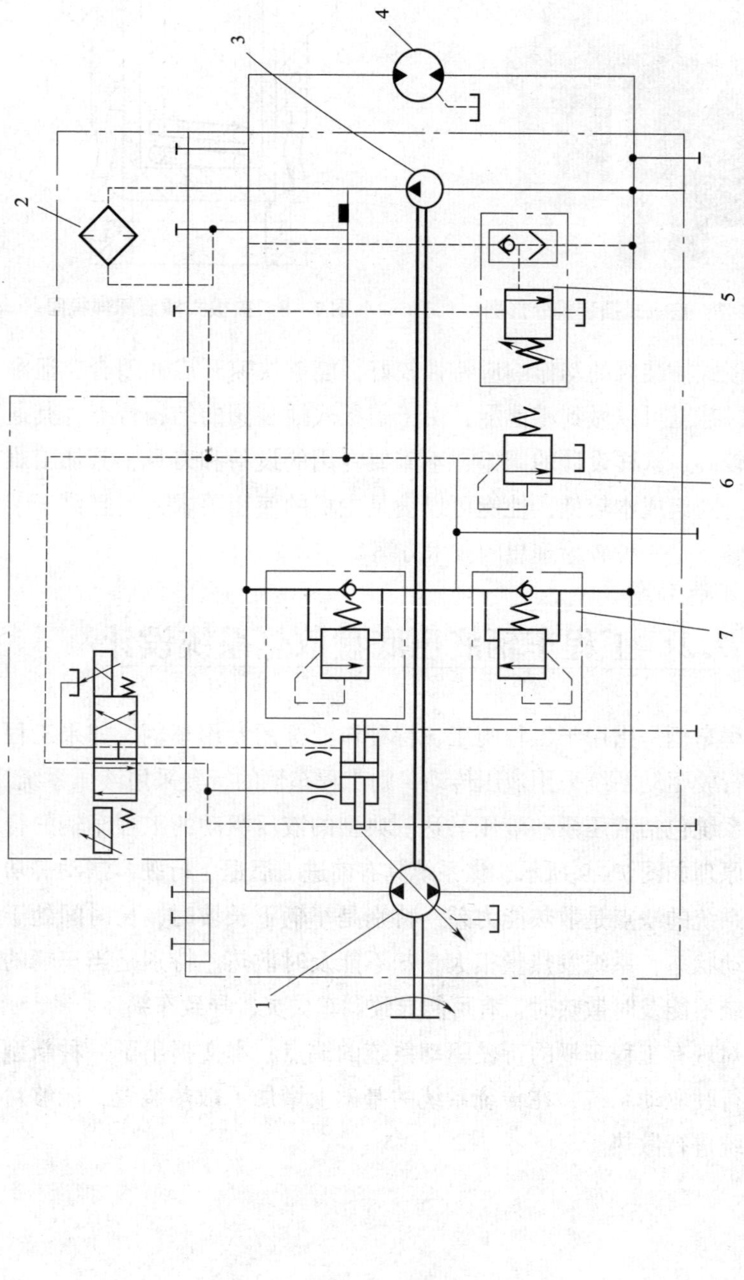

图 7-9　典型的液压驱动工程车辆的行驶系统原理

1—变量泵；2—过滤器；3—补油泵；4—液压马达；5—压力切断阀；6—补油溢流阀；7—高压溢流阀和补油单向阀

本文设计的工程车辆液压底盘散热系统，包括变量泵、过滤器、补油泵、液压马达、压力切断阀、补油溢流阀、高压溢流阀和补油单向阀、风扇马达、风扇和风扇单向阀；所述变量泵由发动机驱动，补油泵由变量泵直接连接和驱动，补油泵的入口与油箱连接，出口与过滤器连接；压力切断阀由梭阀和溢流阀组成，梭阀的两个入口分别与变量泵的两个出口连通，梭阀的出口与溢流阀连接；所述补油溢流阀的入口与所述过滤器的出口连通，用于限制过滤器出口的最高压力；所述高压溢流阀和补油单向阀共有两个，其入口与过滤器的出口连接，出口分别与变量泵的两个油口连接。所述液压马达的两个油口分别与所述变量泵的两个油口连接。所述风扇马达的一个油口与液压马达连接，另一个油口通过风扇单向阀与液压马达连接；所述风扇与风扇马达直接连接，由风扇马达驱动。

应用本方案的技术方案，风扇单向阀使得风扇马达和风扇在车辆上坡、平路行驶时不工作，只在下坡时工作。同时，风扇安装在工程车辆的制动装置附近，用于为制动装置散热。当车辆下坡时，风扇马达和风扇能够一直为车辆的制动装置散热，而在平路行驶或上坡时，风扇马达和风扇并不工作，从而可以避免传统工程车辆的缺陷。

如图 7－10 所示，工程车辆液压底盘散热系统，包括变量泵 1、过滤器 2、补油泵 3、液压马达 4、压力切断阀 5、补油溢流阀 6、高压溢流阀和补油单向阀 7、风扇马达 8、风扇 9 和风扇单向阀 10；所述变量泵 1 为双向变量柱塞泵，由发动机驱动。过滤器 2、补油泵 3、压力切断阀 5、补油溢流阀 6、高压溢流阀和补油单向阀 7 都是变量泵的附件。其中，补油泵 3 由变量泵 1 直接连接和驱动，补油泵的入口与油箱连接，出口与过滤器 2 连接。压力切断阀 5 由梭阀和溢流阀组成，梭阀的两个入口分别与变量泵 1 的两个出口连通，梭阀的出口与溢流阀连接。补油溢流阀 6 的入口与过滤器 2 的出口连通，用于限制过滤器出口的最高压力。高压溢流阀和补油单向阀共有两个，其入口与过滤器 2 的出口连接，出口分别与变量泵 1 的两个油口连接。液压马达 4 的两个油口分别与变量泵 1 的两个油口连接。风扇马达 8 的一个油口

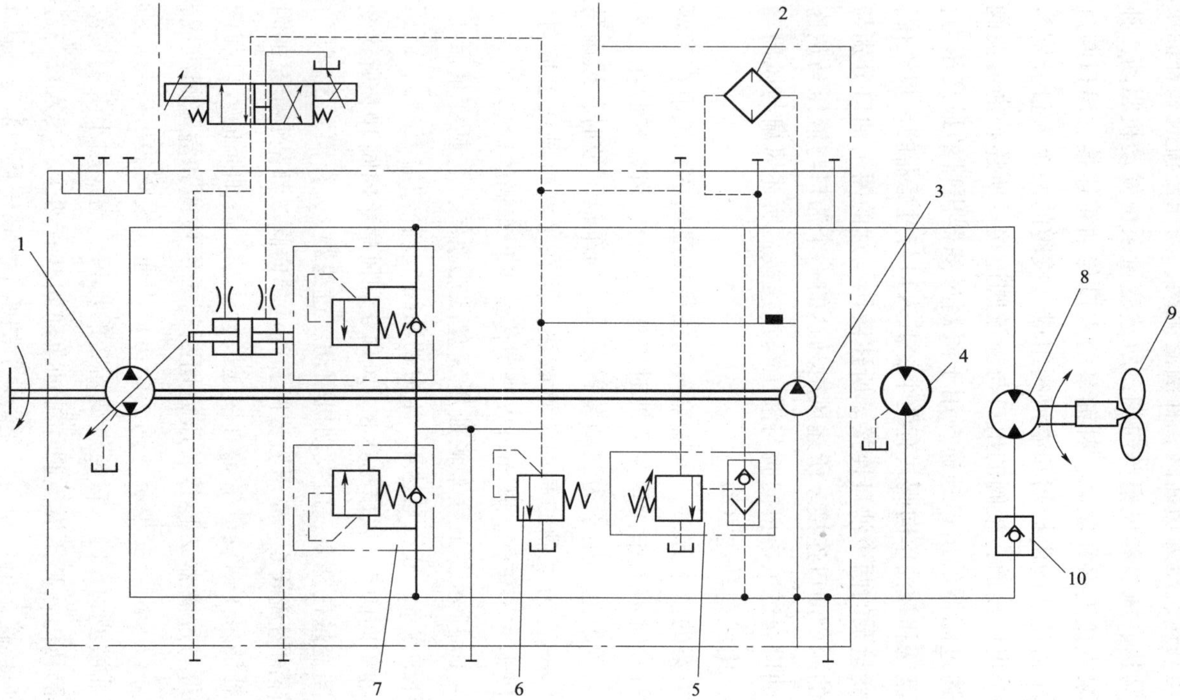

图 7－10　工程车辆液压底盘散热系统原理

1—变量泵；2—过滤器；3—补油泵；4—液压马达；5—压力切断阀；6—补油溢流阀；7—高压溢流阀和补油单向阀；8—风扇马达；9—风扇；10—风扇单向阀

与液压马达4连接，另一个油口通过风扇单向阀10与液压马达4连接。风扇9与风扇马达8直接连接，由风扇马达8驱动。

本技术方案，风扇单向阀10使得风扇马达8和风扇9在车辆上坡、平路行驶时不工作，只在下坡时工作。特别是，风扇9安装在工程车辆的制动装置附近，用于为制动装置散热。当车辆下坡时，风扇马达8和风扇9能够一直为车辆的制动装置散热，而在平路行驶或上坡时，风扇马达8和风扇9并不工作。

7.3　混凝土布料杆液压系统设计

混凝土泵送机械用于将混凝土料连续不断地输送到建筑石工指定的位置进行浇注施工。混凝土泵送机械主要包括混凝土泵车和拖式混凝土泵。其中，混凝土泵车具有混凝土泵送功能和混凝土布料功能，能够将混凝土泵出，并按照施工要求将混凝土料撒布到指定位置。

混凝土布料机构包括多个机械臂，由多个油缸控制相邻两节机械臂的夹角，通过控制多个油缸的行程进而控制多节机械臂的姿态和末端位置，通过多个油缸的联合动作实现机械臂的末端点的轨迹控制。这样，混凝土泵输出的混凝土就可以通过沿着多节机械臂的混凝土管道输送到指定位置，并随着多节机械臂的运动轨迹实现要求的布料方式，如垂直布料、水平直线布料等。

目前，驱动多节机械臂的多个油缸由多个比例方向阀控制，比例方向阀可以控制油缸的运动方向和运动速度，由于比例方向阀可以由比例电磁铁控制，所以，可以通过控制器分配各个比例电磁铁上的电流，进而控制多个比例阀的输出流量、进而控制多个油缸的运动、进而控制多节机械臂的姿态和末端点的运动轨迹，实现要求的布料方式。

现有技术是通过控制电磁铁的电流—比例阀的开口—比例阀的流量—油缸的速度来控制机械臂的姿态和末端点的轨迹的，这种控制方式的精度很差，分析如下。

液压阀的流量公式如下：

$$Q_f = C_q \times A \times \sqrt{\frac{2 \times \Delta p}{\rho}} \tag{7-1}$$

式中：Q_f——液压阀的流量，L/min；

C_q——流量系统，需查表；

A——液压阀的开度，mm；

Δp——液压阀两端的压降，MPa；

ρ——液压油的密度，kg/m^3。

由式(7-1)可见，通过液压阀的流量由两个变量决定：液压阀的开口 A 和阀上的压降 Δp。由于压力由外负载决定，是不可控的。目前，对液压阀的流量控制只能通过控制其开口 A 实现，即，通过 PWM 信号控制电磁铁推动阀芯位移，阀芯位移产生一个阀口开度 A。

这种流量控制方法误差很大，且误差不可控，往往也难以通过控制手段补偿，因为压力与工作装置的姿态、作业负荷的大小甚至工作环境的温度有关，所以，通过控制阀的开口 A 来对执行机构进行速度控制和位置控制，其精度很不理想。

可见，现有技术具有固有缺陷，难以实现机械臂精确的姿态控制和末端点的轨迹控制。

7.3.1 混凝土布料杆液压驱动装置

本节设计了一种混凝土布料杆液压驱动装置和控制方法，通过对多个油缸的速度和行程的精确控制，实现多节机械臂的精确的姿态控制和末端点的轨迹控制，进而提高布料机构的性能。所述的液压装置包括：

（1）具有一个液压泵装置，能够向液压系统提供具有一定压力和流量的液压油。

（2）具有多个液压阀装置，该液压阀控制液压泵出口、油箱口和油缸的两个油口之间的通断关系。

（3）具有多个液压缸，每个液压缸的两个油口与液压阀连接。

（4）具有多个电机装置，电机装置输出的运动能够驱动液压阀的阀芯动作。

（5）具有多个油缸行程检测装置，该检测装置将油缸的运动进行检测、转化并输出到液压阀，最终使液压阀的阀芯产生运动。

上述部件的连接方式如图 7－11 所示。

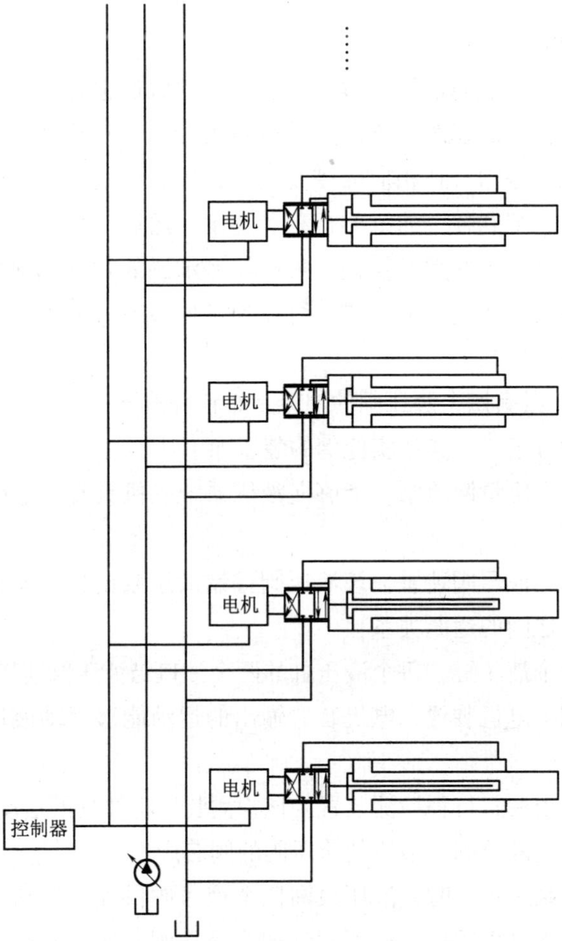

图 7－11　混凝土布料杆液压驱动装置

当上述系统工作时，液压泵向多个液压阀供油，控制器驱动多个电机装置动作，进而驱动多个液压阀动作，液压阀将液压泵输出的液压油输送到液压油缸的某一腔，驱动液压缸运动，该液压缸的另一腔输出的液压油通过液压阀回油箱。油缸的运动由油缸行程检测装置采集并转化，最终驱动液压阀的阀芯向与原运动方向相反的方向运动，并最终使液压阀的阀芯回到初始位置并关住液压泵与液压缸之间的通道。这样，就可以通过控制电机装置的运动来控制油缸的运动，并获得较高的控制精度。

操作人员可以通过手柄对多节机械臂的轨迹进行控制，也可以通过程序对机械臂的姿态和末端点进行自动控制。对机械臂的控制信号通过手柄或程序输入到相应的控制模块，控制模块将其转化为多节臂的轨迹，并分解到各个油缸的行程和速度，通过对各个油缸的电机装置的脉冲数量和脉冲频率控制，可以控制油缸的行程和速度，多个油缸驱动多节机械臂运动的合成，行成预定的多节机械臂的姿态控制和末端点的轨迹控制。

7.3.2 具有四个液压阀的混凝土布料杆液压驱动装置

本节设计了一个典型实施例的装置如下：

具有一个定量液压泵，能够向液压系统提供具有一定压力和流量的液压油；

具有四个液压阀装置，该液压阀控制液压泵出口、油箱口和油缸的两个油口之间的通断关系；

具有四个液压缸，每个液压缸的两个油口与液压阀连接；

具有四个电机装置，电机装置输出的运动能够驱动液压阀的阀芯动作；

具有四个油缸行程检测装置，该检测装置将油缸的运动进行检测、转化并输出到液压阀，最终使液压阀的阀芯产生运动。

当上述系统工作时，液压泵向四个液压阀供油，控制器通过总线驱动四个步进电机动作，进而驱动四个液压阀动作，液压阀将液压泵输出的液压油输送到液压油缸的某一腔，驱动液压缸运动，该液压缸的另一腔输出的液压油通过液压阀回油箱。油缸的运动由丝杠机构采集并转化，最终驱动液压阀的阀芯向与原运动方向相反的方向运动，并最终使液压阀的阀芯回到初始位置并关住液压泵与液压缸之间的通道。这样，就可以通过控制电机装置的运动来控制油缸的运动，并获得较高的控制精度。

操作人员可以通过手柄对多节机械臂的轨迹进行控制，也可以通过程序对机械臂的姿态和末端点进行自动控制。对机械臂的控制信号通过手柄或程序输入相应的控制模块，控制模块将其转化为多节臂的轨迹，并分解到各个油缸的行程和速度，通过对各个油缸的步进电机的脉冲数量和脉冲频率进行控制，进而控制油缸的行程和速度，四个油缸驱动多节机械臂运动的合成，形成预定的四节机械臂的姿态控制和末端点的轨迹控制，如图 7－12 所示。

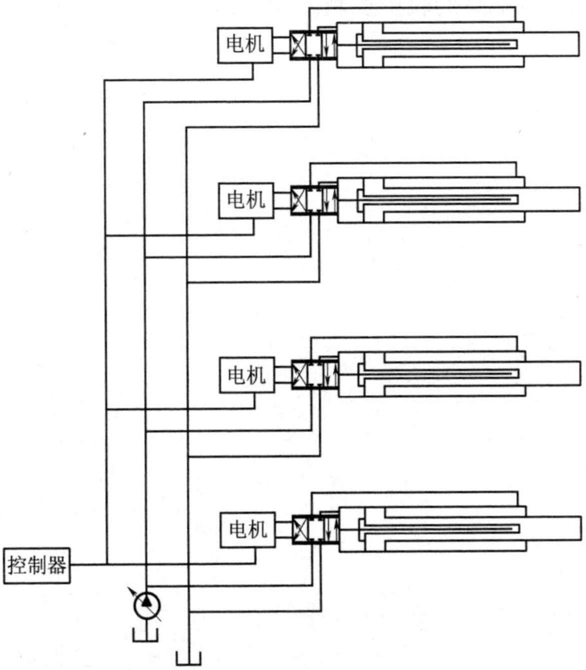

图 7－12　具有四个液压阀装置的混凝土布料杆液压图

与现有技术相比，本节所述的技术方案具有以下优点：

控制精度高：通过对各个油缸的行程和速度的精确控制，可以实现多节臂姿态和末端点轨迹的精确控制。

控制柔性增加：由于各个油缸的行程和速度是由步进电机的脉冲特性决定的，所以，可以通过控制程序进行可变控制，实现多节臂姿态和末端点轨迹的程序控制。

本节所设计的混凝土布料杆的关键技术为：

（1）在装置上，本设计方案摈弃了现有技术的油缸行程的开环控制方式，而是采用油缸行程检测和控制装置对油缸的速度和行程进行闭环控制。

（2）在方法上，通过控制控制器发给步进电机的脉冲数量和脉冲频率，对油缸的行程和速度进行控制，多个油缸的运动合成机械臂的姿态可控制和末端点的轨迹控制。

参 考 文 献

[1] 冯忠绪. 工程车辆理论 [M]. 北京：人民交通出版社，2004.

[2] 韩慧仙，曹显利，郭雄华. 一种压路机液压振动系统：中国，201420514280.3 [P]. 2015-01-07.

[3] 姚怀新. 工程车辆液压系统动力学与控制原理 [M]. 北京：人民交通出版社，2006.

[4] 郭雄华，曹显利. 联合收割机行驶液压系统污染控制新技术分析 [J]. 液压与气动，2011 (11)：118-119.

[5] 韩慧仙，刘伟，刘茂福. 起重机臂架的电液控制系统设计 [J]. 机械科学与技术，2013 (4)：576-483.

[6] 韩慧仙，曹显利，李典灿. 一种起重机液压底盘自动挡行驶系统：中国，201420514149.7 [P]. 2014-12-31.

[7] 韩慧仙. 起重机自动怠速控制系统 [J]. 起重运输机械，2008 (10)，60-62.

[8] 焦生杰. 沥青摊铺机系列讲座——典型摊铺机电液系统分析 [J]. 工程车辆与维修，2006.

[9] 刘茂福，曹显利. 工程车辆电子节能控制技术研究 [J]. 机床与液压，2011 (7)：100-102.

[10] Han huixian. Design and Calculation of a Kind of Cable Displacement Sensor [J]. Advanced Materials Research，2013 (5)：1779-1782.

[11] 韩慧仙. 新型电控比例流量控制阀的设计和仿真 [J]. 机床与液压，2014，42 (20)：73-76.

[12] 韩慧仙，刘茂福，曹显利. 起重机液压底盘自动挡行驶系统及仿真测试 [J]. 起重运输机械，2010 (6)，23-26.

[13] 韩慧仙，曹显利．集装箱推高机行走液压系统设计［J］．工程车辆，2007（9），53－56.

[14] 易小刚．全液压推土机液压与控制系统研究［D］．西安：长安大学，2005.

[15] 石荣玲，赵继云，孙辉．液压混合动力轮式装载机节能影响因素分析与优化［J］．农业机械学报，2011（3），31－35.

[16] 焦生杰．沥青混凝土摊铺机液压驱动行驶与控制系统研究［D］．西安：长安大学，2002.

[17] 韩慧仙．基于行走制动能量回收的装载机辅助驱动液压系统设计［J］．机床与液压，2016（11）：123－126.

[18] 韩慧仙，曹显利，任丕顺．一种装载机液压混合动力系统：中国，201420514156.7［P］．2014－12－31.

[19] 韩慧仙，刘茂福．一种装载机行走制动能量回收和辅助驱动装置：中国，201520715406.8［P］．2016－01－20.

[20] 韩慧仙，任丕顺．带有拖车功能的装载机行走制动能量回收和辅助驱动装置：中国，201520715638.3［P］．2016－01－20.